U0129287

文史哲學集成

陳福成著

# 大兵法家范蠡研究

——商聖財神陶朱公傳奇

文史哲出版社印行

國家圖書館出版品預行編目資料

大兵法家范蠡研究：商聖財神陶朱公傳奇 /
陳福成著. -- 初版 -- 臺北市：
文史哲, 民 105.06
頁； 公分（文史哲學集成；686）
ISBN 978-986-314-303-1（平裝）

1.（周）范蠡 2.傳記

782.817 105009072

文史哲學集成 686

# 大兵法家范蠡研究

## ── 商聖財神陶朱公傳奇

著者：陳福成
出版者：文史哲出版社
http:// www.lapen.com.tw
e-mail：lapen@ms74.hinet.net
登記證字號：行政院新聞局版臺業字五三三七號
發行人：彭正雄
發行所：文史哲出版社
印刷者：文史哲出版社
臺北市羅斯福路一段七十二巷四號
郵政劃撥帳號：一六一八〇一七五
電話886-2-23511028．傳真886-2-23965656

定價新臺幣三二〇元

二〇一六年（民一〇五）六月初版
二〇一八年（民一〇七）二月增訂再版

著財權所有． 侵權者必究

ISBN 978-986-314-303-1 00686

# 自序：關於范蠡

范蠡，助春秋時代越王勾踐復國滅吳，大約所有中國人，有點常識（不須要知識）者，一定會知道這個故事和范蠡這個人。

但，范蠡是先秦時代吾國九大兵學家之一，知者不多。另八者是：管子、老子、孔子、墨子、孫子、吳子、商鞅、荀子，廣義兵學，包含政治、哲學、經濟、文化。

商聖陶朱公，是我國古代大企業家亦有名於世，與文聖孔子、武聖關公平齊。平起平坐，同列「聖」班，地位多麼崇高。

本書涉及的時空縱橫範圍甚廣，縱的歷史關係，從上古到春秋時代；橫的歷史關係，則是春秋各國政局和人物。是故，欲深解本書，要從我國古代史下工夫。

關於范蠡，民間有很多傳說故事，及說他和西施如何等。但本書為正式且嚴謹的研究作品，僅針對有事實依據者論述，以呈現范蠡之「真相」，讓世人對正史多些理解。

關於范蠡生卒年，各古籍記載不詳，現代各家研究僅是推論。幸好此非重點，他做了什麼？他怎樣做？我們是否學到東西，才是重點。

文財神范蠡，走進中國許多廟宇，在主神觀世音菩薩、媽祖或佛祖之左右廳，亦常見「財神殿」，文財神陶朱公高坐在上，滿信徒之所願。

三十年前，我寫《孫子實戰經驗研究》（黎明文化事業公司出版），已寫到范蠡，近年我研究老朋友范揚松作品，他亦范蠡後裔，又讓我想起范蠡，深感大名頂頂范蠡，怎能沒有一本研究專著傳世？乃出版本書，略說為序。（台北公館蟾蜍山萬盛草堂主人　陳福成　誌於二〇一六年四月上旬佳日）

# 大兵法家范蠡研究
## ——商聖財神陶朱公傳奇

# 目 次

## 第二篇 吳越戰爭經過與范蠡的角色

## 附　錄

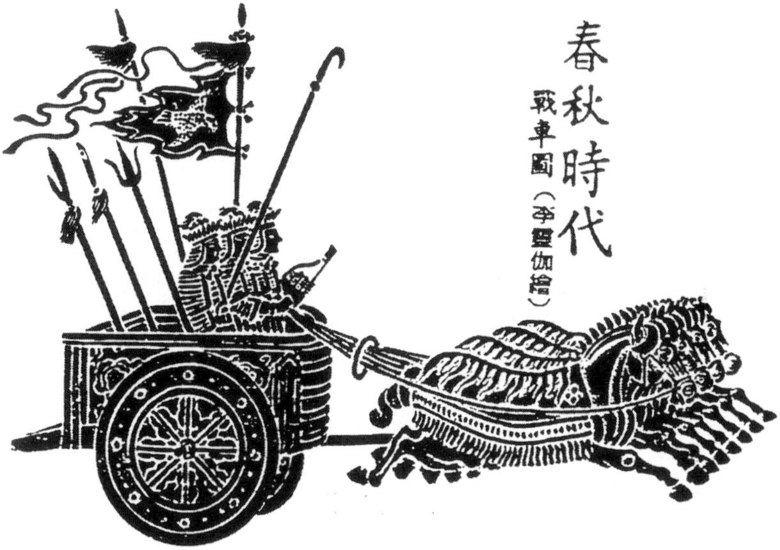

春秋時代
戰車圖（李豐伽繪）

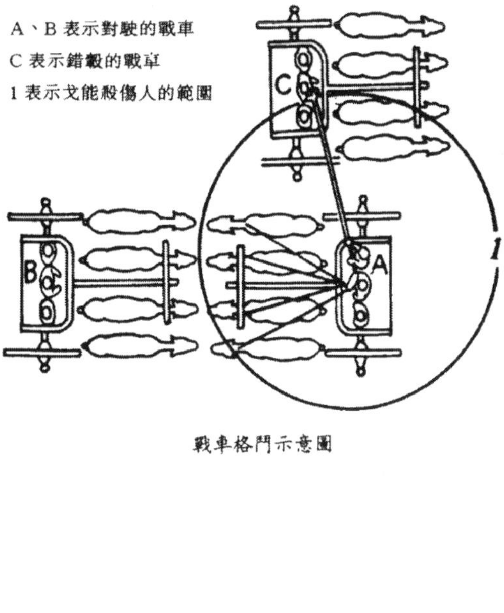
A、B 表示對駛的戰車
C 表示錯轂的戰車
1 表示戈能殺傷人的範圍
A
B
C
1

戰車格鬥示意圖

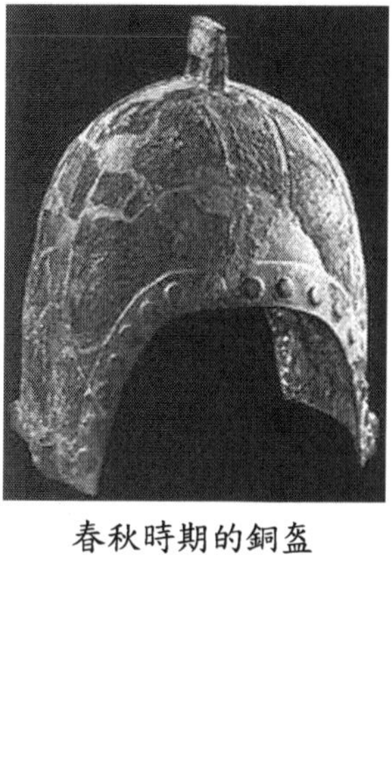

春秋時期的銅盔

戰車　河南省陝縣上村嶺虢墓出土。春秋的初期，仍以車戰爲主，所以戰車是作戰的主力，陝縣是西虢的根據地。上村嶺虢國墓出土的戰車，足以表現虢國的作戰力，虢於惠王二十二年（前六五五）爲晉所滅。

9 圖片

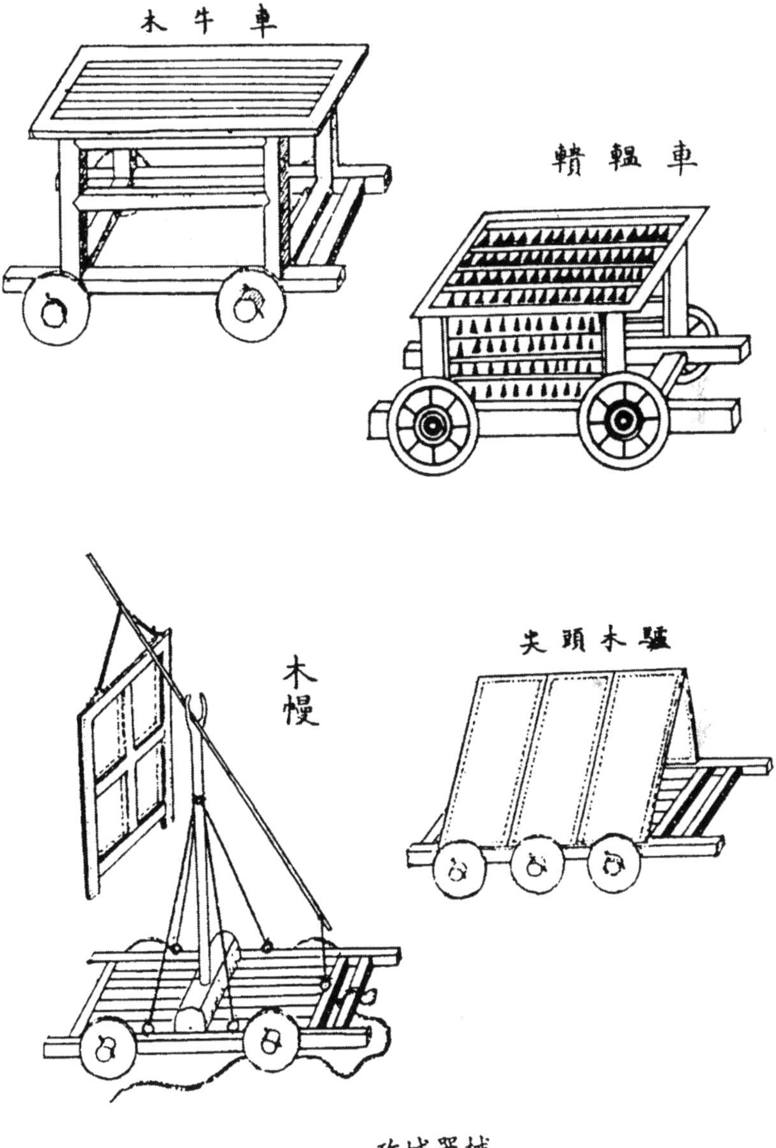


攻城器械

吳宮遐想（李靈伽繪）
館娃宮（吳人呼美女爲娃）在吳縣西十五公里靈岩山（古時在太湖沿岸），其上靈岩寺，有西施洞等古蹟。

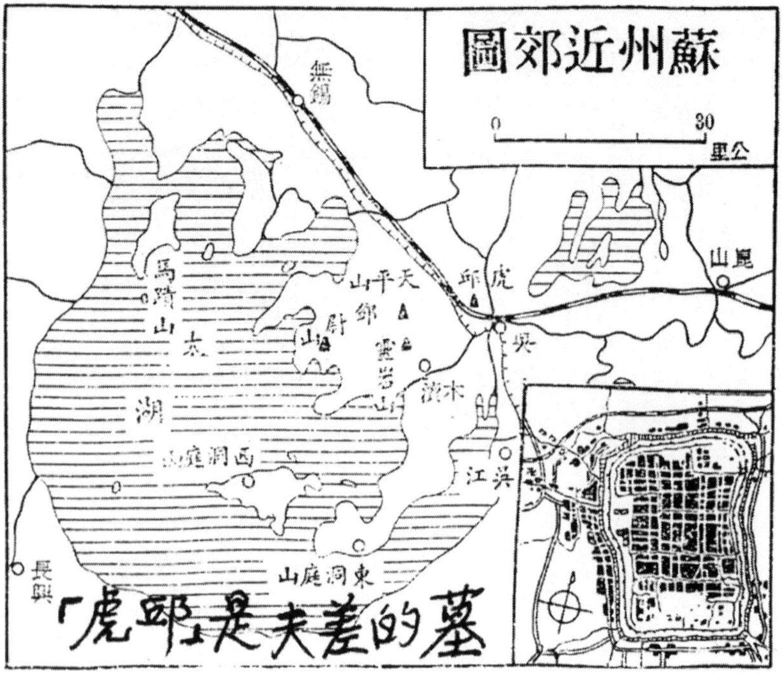


「虎邱」是夫差的墓

會稽山（越都在山之北麓）

太湖洞庭山（元・王蒙繪）

嘉興南湖（吳越交界處，在今嘉興附近）

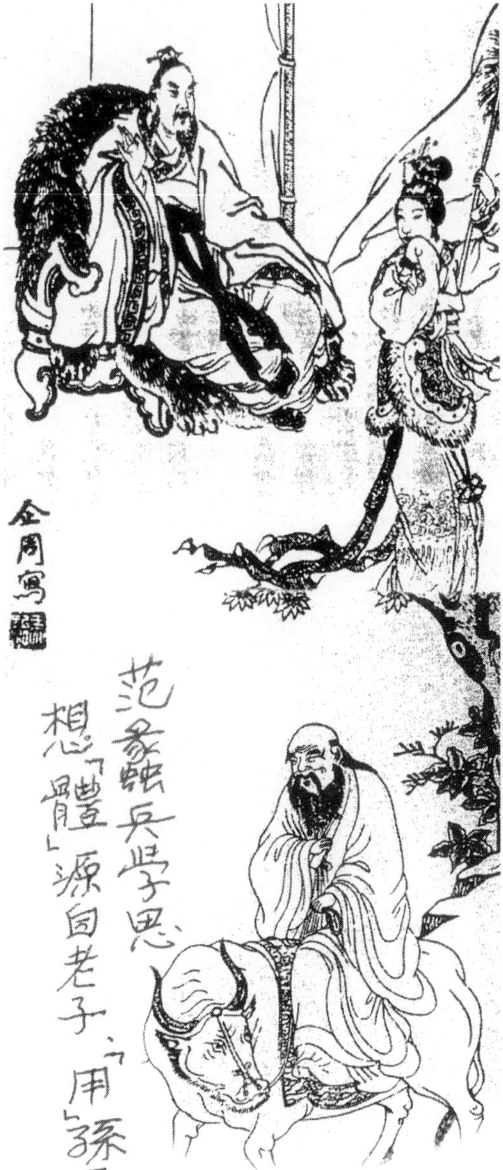
金周寫
范蠡兵學思想「體」源自老子、「用」孫子

# 第一篇

# 范蠡所處的時代環境和人物簡介

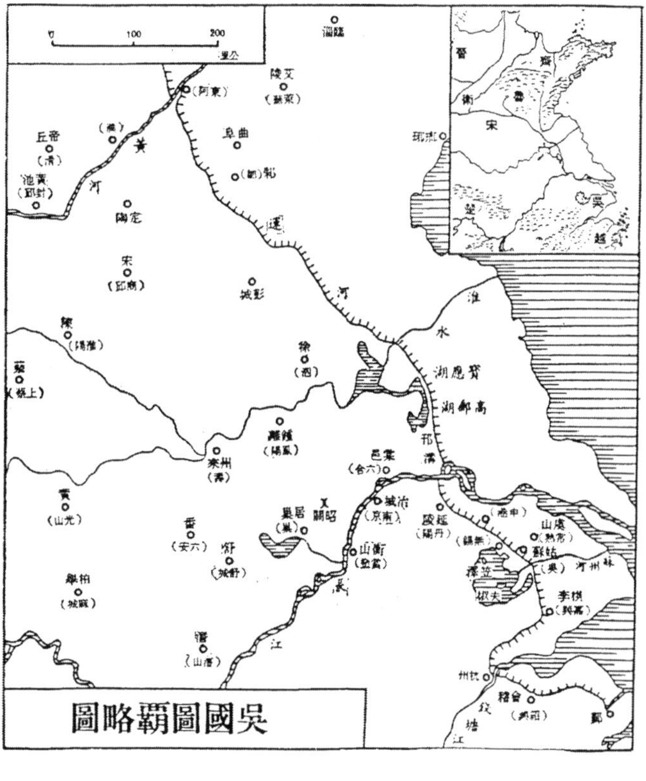

吳國圖霸略圖

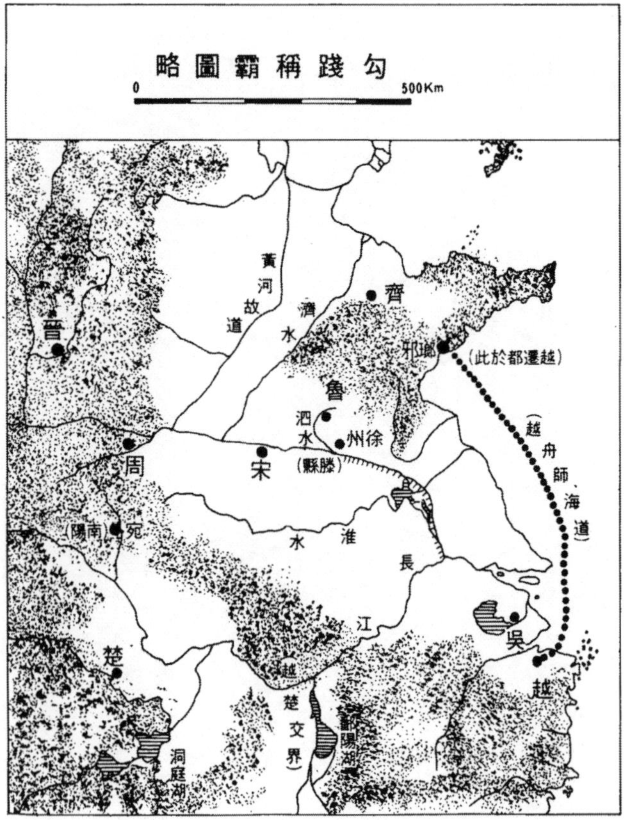


勾踐稱霸略圖

勾踐滅吳後，乃引兵北渡淮水，與齊晉諸侯會於徐州，並致貢於周。周元王使人賜勾踐胙，命爲伯。勾踐把淮上的土地歸楚，把吳國所侵略宋國的土地歸宋，把泗的東方百里給魯，當是時，越兵橫行於江淮之間，諸侯都來朝賀，號稱霸王。

圖爲勾踐稱霸略圖。

# 第一章　范蠡的敵人、同志和長官們

在越王勾踐復國全程中，范蠡的敵人、同志和長官們如下圖，他們的「生命經歷交會期」都至少有二十多年以上。最大的要角是范蠡、文種、伍員（子胥）、孫武、伯嚭等五人。這五人中，范蠡和文種效忠越王，伍子胥、孫武和伯嚭效忠吳王。

但政治鬥爭是一門「黑暗藝術」，伍子胥從他祖父、父親到他

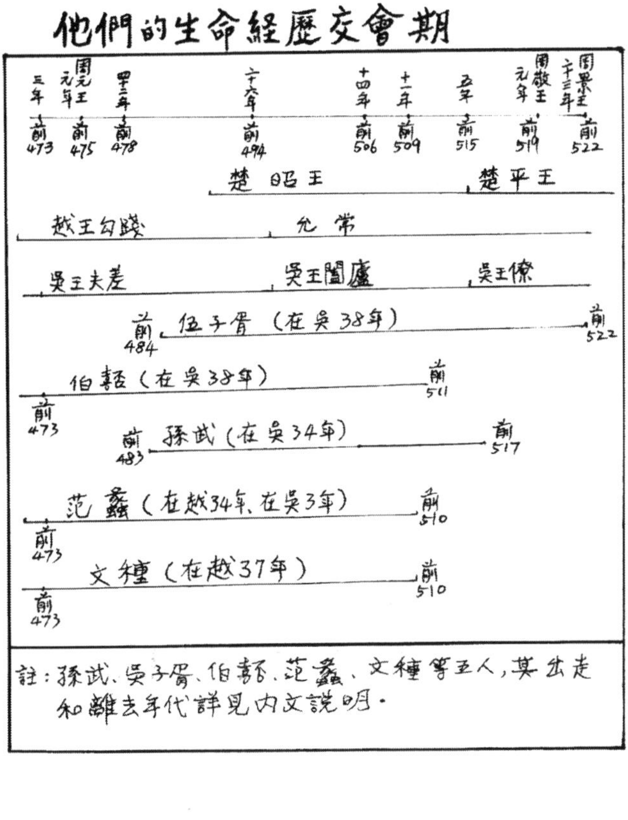

自己，為官以「忠諫」著名於世，他的政治主張是先滅越國再北進中原；而范蠡更主張「先除掉伍子胥再滅吳國」。因此，伍、蠡二人便成了「死對頭」，各自成為對方的「主要敵人」，立場鮮明，沒有灰色地帶，這二人了然於心，玩的是「你死我活」的零和遊戲。

至於伯嚭角色很負面，他的本質是個奸臣，他要奪伍子胥的全部政治利益，乃至被范蠡、文種收買，要除掉伍子胥。伯嚭和伍子胥雖明為吳王重臣，骨子裡伯嚭是把伍子胥當「主要敵人」，而把范蠡當「朋友」，范蠡也透過他去說服吳王「原諒勾踐吧！」

巧合的是，以上五人都是逃亡或避難出走，一代兵聖孫子自齊避難吳中，伍子胥和伯嚭從楚亡命到吳，范蠡和文種亦由楚奔越，到底為何亡命異國？本書後續慢慢說，這章先按出走前後略述在同時間、同大歷史舞台上，生命經歷交會期的各要角背景、人生簡歷等。

## 壹、伍子胥：棄小義、雪大恥、烈丈夫

按《史記》卷六十六，〈伍子胥列傳〉第六，開卷就說，「伍子胥者，楚人也，名員。員父曰伍奢，員兄曰伍尚。其先曰伍舉，以直諫事楚莊王，有顯，故其後世有名於

楚。」（注一）伍舉是伍子胥的祖父，但事情的大爆發是楚平王昏庸殺害子胥的父兄開始。

《史記》卷四十，〈楚世家第十〉記載，「平王以詐弒兩王而自立，恐國人及諸侯叛之，乃施惠百姓。」（注二）可是不久平王幹了一件昏淫的事情，在他即位的第二年，他令大夫費無忌（左傳作「費無極」）到秦國為太子建娶婦，見秦女貌美，回國建議平王納入後宮自行享用，可為太子建另娶一女。平王竟也同意了，並將太子外調邊境守城父（河南寶豐東）。

伍子胥像（三才圖會）

費無忌幹了這種事，深怕平王死後，太子建即位便是自己的死期，不斷向平王進讒言，說太子在外欲勾結外兵造反。平王先召太子的師傅伍奢加以申斥，不久太子恐懼逃到宋國，平王乃將伍奢囚禁，費無忌又進讒言道，伍奢有二子伍員和伍尚，不殺，都是後患，楚平王竟又同意了。但伍尚是「乖孩子」，願意受死，伍員就不同了，《史記》記錄這對兄弟的考量和對話：

使人召二子曰：「來，吾生汝父；不來，今殺奢也。」伍尚欲往，員曰：「楚之召我兄弟，非欲以生我父也，恐有脫者後生患，故以父為質，詐召二子。二子到，則父子俱死。何益父之死？往而令讎不得報耳。不如奔他國，借力以雪父之恥，俱滅，無為也。」伍尚曰：「我知往終不能全父命。然恨父召我以求生而不往，後不能雪恥，終為天下笑耳。」謂員：「可去矣！汝能報殺父之讎，我將歸死。」尚既就執，使者捕伍胥。伍胥貫弓執矢嚮使者，使者不敢進，伍胥遂亡，聞太子建之在宋，往從之。奢聞子胥之亡也，曰：「楚國君臣且苦兵矣。」伍尚至楚，楚并殺奢與尚也。（注三）

杭州吳山（李霞伽繪）
在西湖濱，上有伍子胥廟

伍子胥逃往宋國和太子建會面，逢宋有內亂，乃與太子建奔鄭國，又欲適晉，先著人和晉國聯絡。晉國約太子建共同謀鄭，事情洩漏，太子建被鄭子產所殺，子胥乃與太子建之子勝逃亡到吳國。

從平王搶了兒子的女人（平王二年、周景王十八年、前五二七年），到伍子胥逃到吳國（平王七年、周景王廿三年、前五二二年），中間大約隔了五年。

伍胥初到吳國，不見用於吳王僚。（注四）但他不久發現機會有了，公子光有「內志」，想要發動政變，自立為王。伍胥知道這是千載良機，也是政治大豪賭，成則有機會得新王重用，為父兄報仇，敗則俱亡。伍胥決心幹了！為公子光找到刺客專諸刺殺王僚，《史記》清楚記下這段史實，〈吳太伯世家〉和〈伍子胥列傳〉分別提及，而〈刺客列傳〉第二十六亦說：

> 伍子胥知公子光之欲殺吳王僚，乃曰：「彼光將有內志，未可說以外事。」乃進專諸於公子光……四月丙子，光伏甲士於窟室中，而具酒請王僚。王僚使兵陳自宮至光之家，門戶階陛左右，皆王僚之親戚也。夾立侍，皆持長鈹。酒既酣，公子光詳為足疾，入窟室中，使專諸置匕首刺王僚，王僚立死。左右亦殺專諸，王人擾亂，公子光出其伏甲以攻王僚之徒，盡滅之，遂自立為王，是為闔閭。（注五）

「闔閭」亦作「闔廬」，皆同一人。四月丙子是吳王僚十二年夏天（周敬王五年、前五一五年）。次年，闔閭元年（前五一四年），任伍子胥開始整飭國政與武備。

伍子胥和不久站上政治舞台的伯嚭、孫武，以及吳王闔閭，君臣對伐楚大業有共識。才終於在闔閭九年（周敬王十四年、前五〇六年），伐楚大破楚都郢城，子胥掘開平王墓，鞭其屍三百，終於報了殺父兄之仇。《史記》〈伍子胥列傳〉記述子胥行為是肯定的，因為在春秋時代「復仇」被視為正義行為，是該做的事，九世之內的復仇都算合法、正義。

> 吳兵入郢，伍子胥求昭王，既不得，乃掘平王墓，出其屍，鞭之三百，然後已……太史公曰：怨毒之於人甚矣哉！王者尚不能行之於臣下，況同列乎！向令伍子胥從奢俱死，

專諸刺吳王像（漢武梁祠石刻）

伍子胥到吳國策畫的第一個政治壯舉

何異螻蟻，棄小義，雪大恥，名垂於後世，悲夫！方子胥窘於江上，道乞食，志豈嘗須臾忘郢邪？故隱忍就功名，非烈丈夫熟能致此哉！白公如不自立為君者，其功謀亦不可勝道者哉！（注六）

到此時，若伍子胥有智慧，他應該急流勇退，回中養老（他因伐楚有功封於申，在今河南省南陽縣北），因為他的人生大業已完成了。可惜他大概放不下權力吧！血液中流著父祖「忠諫、死諫」的基因。到了吳王夫差時，伍胥主張先滅越國，再北進中原，他清楚越國終是吳國大患，而夫差看不出來（簡直是一頭豬）。當然也因中了越國君臣的計，加上奸臣伯嚭不斷向夫差進讒言。

最後伯嚭也送了一頂「紅帽子」給伍員，說他「賣吳」。吳王怒而賜劍，令其自殺，這時是周敬王三十六年（吳夫差十二年、前四八四年）的秋天。

越王勾踐、范蠡、文種聽到伍胥已死，慶賀「主要敵人」已除掉，知道謀略大計成功，他們已開始規劃下一步動作，而夫差完全不知道自已正一步步掉入陷阱中，會比伍子胥死得更慘！

# 貳、孫武：百代談兵之鼻祖，《孫子》世界兵學聖典

孫子和范蠡等君臣的「生命經歷交會期」，有將近三十年（見前圖）。而勾踐和范蠡在吳國當了三年「外勞」，也算吳王宮中的「越佣」，必有與孫子「接觸、相處」的機會。孫子和范蠡在中國兵學領域的評述定位，他們同屬「正宗兵學家」（見第八章），所以他兩的「接觸」必然是高手過招，如佛陀拈花，迦葉微笑，外人不得而知。但孫子何時到了吳國？他的背景來歷如何？

《史記》卷六十五〈孫子吳起列傳第五〉只說，「孫子武者，齊人也，以兵法見於吳王闔廬……」（注七）（本書用闔閭或闔廬按原典所寫）。

據唐代研究孫子的專家肖吉所記述，孫子於周靈王十五年（前五五七年）生在山東古萊石閭山（今山東泰安、萊蕪之間）。出生時手掌內有紋像篆寫的「武」字，便取名孫武。父敬仲，母親是齊國南史氏的女兒，孫武從小在南史館（如今之中央圖書館兼國史館功能）。長大從軍，隨齊景公在晉、燕地區（今熱河、遼北），與山戎打過三年仗，戰後回鄉研究太公、周公之學。

孫子本是齊國田完後裔，田完的第七世孫，「孫」姓是齊景公所賜，至於孫子何時到了吳國？為何奔吳？時間上有三種說法，都涉及「田鮑四族作亂」。

孫武。

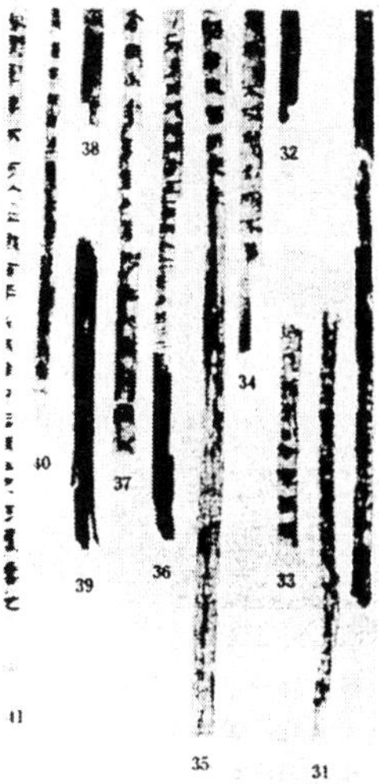

孫子兵法竹簡。

齊景公三年（周靈王二十七年、前五四五年），有欒、高、田、鮑與慶封之亂，孫子此時尚年幼，與家人避亂於吳中。另齊景公十六年（前五三二年），也有田鮑四族之亂。另按《新唐書・宰相世系表》、《古今姓氏書辨證》所述，齊景公三十一年（前五一七年），田、鮑四族謀亂，孫子厭惡齊國內部無休止的政治鬥爭，投奔到吳國，此時是吳王僚十年。（注八）本書採第三說，孫子於前五一七年奔吳，是接續伍子胥之後，第二位奔吳的頂尖人才。

孫子到了吳國，隔了五年才經伍子胥推荐得到吳王重用，此其間他在吳國行蹤歷史上沒有明確記載。直到周敬王八年（前五一二年），由伍子胥推荐，孫子以所著兵法十三篇見吳王闔閭」。（注九）《史記》記錄這段經過。（注一〇）

孫子武者，齊人也，以兵法見於吳王闔廬。闔廬曰：「子之十三篇，吾盡觀之矣，可以小試勒兵乎？」對曰：「可。」

闔廬曰：「可試以婦人乎？」曰：「可。」於是許之出宮中美女得百八十人。孫子分為二隊，以王之寵姬二人各為隊長，皆令持戟。令之曰：「汝知而心與左右手背乎？」婦人曰：「知之。」孫子曰：「前、則視心；左、視左手；右、視右手；後、即視背。」婦人曰：「諾。」

孫武操練宮女的情形

約束既布，乃設鈇鉞，即三令五申之。於是鼓之右，婦人大笑。孫子曰：「約束不明，申令不熟，將之罪也。」復三令五申，而鼓之左，婦人復大笑。孫子曰：「約束不明，申令不熟，將之罪也。既已明，而不如法者，吏士之罪也。」乃欲斬左右隊長。

吳王從臺上觀，見且斬愛姬，大駭，趣使使下令曰：「寡人已知將軍能用兵矣。寡人非此二姬，食不甘味、願勿斬也。」孫子曰：「臣既已受命為將，將在軍，君命有所不受。」遂斬隊長二人以徇，用其次為隊長。

於是復鼓之，婦人左右、前後、跪起，皆中規矩繩墨，無敢出聲。

於是孫子使使報王曰：「兵既整齊，王可試下觀之，唯王所欲用之，雖赴水火猶可也。」

吳王曰：「將軍罷休就舍，寡人不願下觀。」孫子曰：「王徒好其言，不能用其實。」

於是闔盧知孫子能用兵，卒以為將，西破彊楚入郢，北威齊、晉，顯名諸侯，孫子與有力焉。

孫子見吳王，就如現代人帶著自已的作品見大老闆謀職，希望得到重用，都要「順上意」。而孫子竟「逆上意」殺了吳王的兩個愛人，顯見孫子不是普通的人，他的思維超越歷史上所有的人。當他請吳王下來「閱兵」時，吳王很不爽的說「你回去吧！我不想看。」孫子又酸了吳王一句：「王徒好其言，不能用其實」。眼看著孫武謀職不成，伍子胥跟著心急，因為他要伐楚報父兄仇，正須要孫子這樣的人才。《東周列國諸》第七十五回，有一段話記錄子胥說服吳王：

因思念愛姬，遂有不用孫武之意，伍員進曰：「臣聞『兵者，兇器也。』不可虛談。誅殺不果，軍令不行。大王欲征楚而伯天下，思得良將，夫將以果毅為能，非孫武之將，誰能涉淮踰泗，越千里而戰者乎？夫美色易得，良將難求，若因二姬而棄一賢將，何異愛莠草而棄嘉禾哉！」闔閭始悟。乃封孫武為上將軍，號為軍師，責成以伐楚之事。（注十一）

伍子胥確是孫武的恩人，若無伍胥強力推荐，孫子恐無表現的機會，更可惜沒有驗證《孫子兵法》的機會。周敬王十四年（前五〇六年），吳闔閭以孫子為主將，伯嚭和伍子胥為副將，率三萬餘吳軍，千里西征楚國，與二十萬楚軍決戰，五戰五勝。（注十二）楚昭王棄郢都西逃，後得秦軍幫助，才得以復國，此非本書研究範圍了。

當吳軍拿下楚都郢城後，對於如何處理楚國「政權」，吳王君臣沒有共識。孫子建議立楚公子芈建之子勝為楚王，未來吳楚兩國才可以和平，甚至成為同盟，吳軍也能安心班師回國。但吳王、伍胥只顧復仇，吳王「以班處宮」，等到申包胥哭求秦哀公出兵救楚，秦楚聯軍又大敗吳軍。而此時（周敬王十五年，前五〇五年春天），越國乘吳入郢城，國內空虛時，以大軍攻吳都，大掠而回。（後述）

吳楚大戰後的孫子有兩種說法，一說戰後即退隱，一說到周敬王三十七年（吳夫差十三年，前四八三年），伍員死第二年才退隱，本書採後說。按《越絕書・記吳地傳》、《漢書・刑法志》所述，周敬王四十年（前四八〇年），孫武因憂國憂民謝世，因為伍子胥一死，越國在范蠡、文種策劃下，已啟動了「滅吳」之戰。

## 參、伯嚭：奸臣，范蠡的「次要敵人」、「階段性朋友」

前圖「他們的生命經歷交會期」五要角中，伯嚭和范蠡關係最微妙，這兩人「亦敵亦友」，范蠡進貢的金銀財寶女人，都由伯嚭親自點收。當然，范蠡等人的陰謀也通過伯嚭去說服吳王，沒有伯嚭不斷進讒言，也無法借吳王之手除掉伍子胥，越不一定能滅吳。可見伯嚭這個人是很邪惡的，他幾可說是春秋時代的「李登輝」。所以，伯嚭是吳國的奸臣，是越國的「功臣」；而李登輝是中華民族的漢奸敗類，則是大和民族的功臣異類。伯嚭是楚國人，奔吳的原因與伍子胥同，都是受到楚王要趕盡殺絕，以絕後患的恐怖迫害。《史記》卷六十六〈伍子胥列傳〉有一段話：

> 楚誅其大臣郤宛、伯州犁，伯州犁之孫伯嚭亡奔吳，吳亦以嚭為大夫。前王僚所遣二公子將兵伐楚者，道絕不得歸。後聞闔廬弒王僚自立，遂以其兵降楚，楚封之於舒。闔廬立三年，乃興師與伍胥、伯嚭伐楚，拔舒，遂禽故吳反二將軍。因欲至郢，將軍孫武曰：「民勞，未可，且待之。」乃歸。（注十三）

楚誅郤宛等已是楚昭王元年（周敬王九年，前五一一年）。伯嚭奔吳不久也立了戰功，漸漸的地位越來越高，本書後面章節細說分明。伯嚭的家世背景，在《史記》「集解」徐廣曰：

> 伯州犁者，晉伯宗之子也。伯州犁之子曰郤宛，郤宛之子曰伯嚭。宛亦姓伯，又別氏郤。楚世家云殺郤宛，宛之宗姓伯氏曰嚭。吳世家云楚誅伯州犁，其孫伯嚭奔吳也。」「索隱」按，州犁，伯宗之子也。郄宛，州犁子。伯嚭，郄宛子。（注

十四）

原來伯嚭碰到的事和伍胥一樣，都是在楚平王時受到奸臣費無忌的陷害。《史記》卷四十〈楚世家〉第十記載說：

昭王元年，楚眾不說費無忌，以其讒亡太子建，殺伍奢子父與郤宛。宛之宗姓伯氏子嚭及子胥皆奔吳，吳兵數侵楚，楚人怨無忌甚。楚令尹子常誅無忌以說眾，眾乃喜。（注十五）

不論哪一民族、國家，討厭奸臣是普世現象，就像台灣現在這個李登輝李漢奸，完全和費無忌、伯嚭同類人，人人得而誅之。但很奇怪的，伯嚭父祖受奸臣費無忌讒害，才逃到吳國，本應走正道，奈何又走了費無忌的老路去陷害忠良！導致他最後下場和費無忌一樣。這只能說，費無忌、伯嚭和李登輝這類人，其基因本質就是一個「姦」字。

當最後越滅了吳，吳王夫差也自殺了。這時對越王君臣言，伯嚭的「階段性朋友」也結束，毫無利用價值，越王勾踐便判了伯嚭死刑。因其陷害忠良，對長官（夫差）不忠不義，導至長官自殺，國家滅亡。在後面章節，再詳說分明。

## 肆、范蠡和文種：同是智者不同下場與奔越釋疑

范蠡，做為本書主角，他的來歷自然要下點功夫，幸好我們中國人自古重視族譜記錄。更重要的是「范」姓，就「誕生」在吾國春秋時代，范蠡距其開基始祖很近，范蠡本人應該很清楚。

范姓和劉姓同源，都傳自帝堯陶唐氏。因此，中國所有范姓的人（含台灣區），仍然奉夏朝初葉的御龍氏劉累為太始組。劉累的後裔，最先以劉為氏，一部份以范為姓，是因為春秋時期晉國大夫士會食采於范，他的子孫便「以邑為氏」的緣故。

春秋時期晉國的范邑，是今山東省壽張縣的西方，黃河北岸，現改稱范縣。這裡正是普天之下，所有中國人范姓的根源。范氏後來在山西省高平地區發揚光大，是故所有范姓族人也以山西「高平」為世代相襲的郡望，高平即現在的山西省高平縣。

范姓的始祖士會，又名大祿，是劉氏大始祖監明（帝堯長子）的六十三世裔孫，也是劉累的四十六世裔孫。士會是在周定王十四年（前五九三年），因仕晉有功而被封食采於范邑，後以邑為姓。

何功因封？《春秋》有答案，「周定王十四年，晉使士會將中軍伐戎有功，獻狄俘於王室，兼為周太傅，五十年告老終養范邑，尊號范武子。」以士會為一世祖，其下八世分別是：二世士燮、三世范宣子貴鳳、四世范獻子士鞅、五世士景伯、六世范蠡、七世范睢、八世范增。（注十六）歷史上范姓拔尖人才很多，如唐朝武后時「北門學士」范履冰、宋朝名相范仲淹等。

另按《中國戰史大辭典》人物之部所述，士會，春秋晉

## 范蠡祖譜源流

| 世代 | | 先祖姓名 | 說明（考證） |
|---|---|---|---|
| 1 | | 監明 | 劉姓始祖、帝堯長子。堯元年（前2357年） |
| ⋮ | | | |
| ⋮ | | 劉累 | 事夏后孔甲，受封於劉，為御龍氏 |
| 63<br>46 | 1 | 范士會（又名大綠，尊號范武子。） | 周定王 14 年（前 593）因任晉有功，食采於范，得范姓。從監明算第 63 代，從劉累算第 46 代；以范姓始祖為第一代。 |
| 64 | 2 | 范士燮 | 士會有三子：士燮、士魴、士球，士燮有子孫在秦，保有劉姓，漢高祖劉邦即其後。 |
| 65 | 3 | 范宣子貴鳳 | 晉國上卿。 |
| 66 | 4 | 范獻子士鞅 | 晉國上卿。 |
| 67 | 5 | 范士景伯 | |
| 68 | 6 | 范　蠡 | 助越王勾踐滅吳，避居齊國後自稱「陶朱公」。 |
| 69 | 7 | 范　睢 | 為秦昭王定遠交近攻之策。奠定中國大一統基礎。 |
| 70 | 8 | 范　增 | 項羽的幕僚長。 |

國正卿，字季，士蔿之孫，即隨武子、范武子，食邑於隨（今山西省介休縣東南）、范（今山東省范縣），故稱隨會、范會、士季或隨季。後在晉楚邲（今河南鄭州）之戰和伐狄有功，升任中軍元帥，兼任太傅，掌理國政。

范蠡，字少伯，士會的六世裔孫，楚之宛邑（今安徽省宣城縣）三戶里人。幼孤，從兄嫂居，學於濮上（今河北省濮陽縣）辛文子（即計然），精七策之術。（說明：計然，濮上人，姓辛名研，字文子，是那時的商務財經管理專家，後世有成語「計然之術」，就是商務之學，范蠡是計然弟子，「商聖」之名是有源頭的，原來范蠡是商學院高材生。）

范蠡學成，因楚國政治黑暗，不輕就仕，傲俗自負。宛邑在吳楚兩國邊界上，周敬王十二年（前五〇八年），楚令尹囊瓦被吳軍擊敗於豫章之南（今大別山南），楚軍逃歸，楚之宛邑被棄於吳。然此時，吳軍正用兵攻巢（今安徽巢縣），故宛邑一時猶未為吳人所重視。范蠡處在這戰亂中，所學無用，便縱酒佯狂。從范蠡懂事以來，吳楚政局，包括楚平王搶了兒子的女人還要殺兒子，聽信費無忌讒言殺伍奢父子，吳楚「雞父之戰」楚軍大敗，忠臣奔吳等，他定了然於心，只好借酒佯瘋，也可能故

范蠡

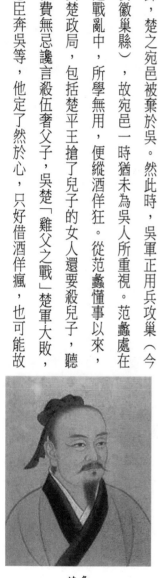

意。

文種，字子禽，時為宛令。得知范蠡是計然弟子，乃遣使往見。使者回報說：「范蠡本國狂人，生有此病。」種笑曰：「吾聞士有賢俊之姿，必有佯狂之譏；內懷獨見之明，外有不智之毀。此固非二三子之所知也。」乃駕車親往謁之，及車入三戶之里，蠡衣黑衣從犬竇蹲而吠之。從吏恐文種慙，令人引衣障之。種曰：「無障也！聞犬之所吠者人，今吾到此有聖人之氣，行而求之，來至於此。且人身而犬吠者，謂我是人也。」乃下車拜蠡，蠡不為禮而逃。（注十六）

翌日，蠡知種要來，謂兄嫂曰：「今日有客至，願假衣冠，具酒食。」有頃文種至，二人抵掌相談如故交。原來吳國攻佔不少楚國邊邑，就在吳軍誅殺燭庸和掩餘後第二年（周敬王十年、前五一〇年），楚國開始有「聯越制吳」的積極行動。伍子胥是有戰略高度的人，了解當前戰略態勢，他要為吳（也為自已）引進人才。這年伍胥派人力勸文種投奔吳國，文種不願，又不願居楚，乃問計於范蠡，情節有些像臥龍孔明，范蠡向文種發表一篇簡潔的〈國際情勢及往何處去分析〉，《越絕書》曰：

蠡曰：「子胥負寃莫伸，因以挾弓矢干吳王，於是要君入吳，馮同相與，時共戒之。且君子違時，不入讎邦，忌反攻其故國也。為雪今日之恥，而又不失故國之親；無已，其往越乎！越王允常親於楚，時與楚聯兵代吳。楚靈王觀兵抵箕山之役（事在周景王八年，西元前五三七年冬十一月），越軍深入過舒（今安徽省舒城縣），為吳人敗之於鵲岸（今安徽省桐城縣西北桐鄉南之鵲尾渚）。楚以舟師伐吳圍陽（在今安徽省無為縣南之江中洲上）之役（事在周敬王二年，西元前五一八年冬），越大夫胥犴勞王於豫章之汭，越公子倉公子壽夢歸王乘舟，又率師從王。前年（即周敬王十年，西元前五一〇年）夏，吳人伐越，敗越之師，是越與吳方欲爭雄之時也。然越與吳相鄰，同風共俗，霸業創立，非吳即越。君如去越，蠡願隨供犬馬之役。」（注十七）

於是，范蠡文種相偕赴越，這年是前五一〇年夏，伍胥沒有得到人才，反而增加兩「致命對手」。文種長於政治和民事，范蠡長於軍旅和兵法，又是商務財經專家，越國不強大都難。

數千年來始終有個不小的疑惑！范蠡文種為何奔越？他們為何不奔吳。從范蠡的大勢分析，可見「明」的答案，他們不到吳是「不入仇邦、忌反攻祖國」，人還是愛其祖國，奔越可「聯越制吳」，是幫助祖國也。他們也有個人的志向，「霸業創立、非吳即越」，選擇奔越顯然是「應該」的。

另有「暗」的答案，認為范蠡和文種是楚國派往越國的諜報或外交使者。他們要執行楚國「聯越制吳」的政策，當時楚策略上要先「東進」再「北侵」，東進最大障礙是吳國，何況伍員在吳，這個說法也有幾分道理。

筆者以為前述明暗兩種因素都有，而以前者居多，此二人皆非等閒之輩，他們的思考必長遠而深廣。就算他們沒有正式身份赴越，執行「聯越制吳」的想法也必定有。如此即能實現個人的雄心壯志，又能救祖國，公私兩利，何樂不為？

在范蠡的國際大舞台上，還有幾位「王」字輩的人身為各陣營長官。楚平王是個昏君，夫差是個豬頭，勾踐的人品評價也不好，倒是吳王闔閭在歷史上有不錯的評價，只是「晚節不保」。

闔閭在奪得王位後，志在制楚，以爭奪江淮之霸權。他刻苦圖強，勤政愛民，食不二味，居不重席，室不崇壇，器不彫鏤，宮室不觀，舟車不飾，衣服食用，均極節儉。他真是當時的「蔣經國」，是人民的好國王，諸臣的好長官。約在此時，伍胥、伯嚭和孫武先後奔吳，得到闔閭重用，君臣對伐楚有共識，故能上下一心，力謀富國強兵之道，大闢魚鹽山林之利，獎勵工商。闔閭且常親自牧鴨以為民倡，故民勤物裕，國力富強。又修明法制，進用賢能，用孫武之策重新編練三軍。

可惜闔閭在破楚入郢都後，不作安民措施，而徒眩惑於楚王宮室之美，女色之奉，至於「以班處宮」，以享富貴。最大的失策，是不採孫武立公子建之子勝為楚王，建構吳楚的和平安全架構。由此也看出，其志慮短淺，自滿於微小成就，其一世英武，最後不能持以高遠志節，致功業敗於垂成，足使我等讀史者為之慨嘆無已也。

**注釋：**

注　一：漢．司馬遷，《史記》（台北：宏業書局，民國七十九年十月十五日），頁二一七一。

注　二：同注一，頁一七〇九。

注　三：同注一，頁二一七二。

注　四：《中國戰史大辭典——人物之部》，國防部史政編譯局，民國八十一年六月三十日，頁七。

注　五：同注一，頁二五一六—二五一八。

注　六：同注一，頁二一七六—二一八三。

注　七：同注一，頁二一六一。

注　八：關於孫子一生及其事業，可詳參拙著二書：《孫子實戰經驗研究》（台北：黎明文化事業有限公司，民國九十二年七月）。《中國四大兵法家新詮》（台北：時英出版社，二〇〇六年九月），見〈孫子兵法〉之部。孫子的七世祖田完，本是陳國公子完，因亂逃到齊國稱田氏。孫子的祖父田書，為齊大夫，伐莒有功，齊景公賜姓孫。所以，歷史上研究孫武者，才會出現陳、田、孫三個姓，有些複雜。

注　九：按《漢書藝文志》，記《孫子兵法》八十二篇。後經曹操注《孫子》，刪其繁雜，復成十三篇，為《武經七書》之首。

注　十：同注一，頁二一六一—二一六二。

注十一：明．余邵魚，《東周列國誌》（台北：大台北出版社，民國七十五年五月），頁五八六。

注十二：吳伐楚五戰五勝，詳見拙著，《孫子實戰經驗研究》（台北：黎明文化出版，民國九十二年七月），第四、五章。

注十三：同注一，頁二一七五。

注十四：同注一，頁二一七五。

注十五：彭桂芳，《唐山過台灣的故事》（台北：青年戰士報社，民國七十年十月），第三十一章，〈范姓〉。

注十六：這段對話見《史記》〈越王勾踐世家〉第十一，同注一，頁一七四一——一七四二。

注十七：漢．袁康、吳平撰，今人楊家駱主編，《越絕書》（台北：世界書局，民國五十一年十一月）初版，第七卷。

# 第二章 范蠡的大舞台

## ——晉、楚、吳、越與戰爭始因

研究一個「對像」要設定多大的「範圍」？要看這個對像影響力（善、惡等）多大！或視其製訂一個決策思考的範圍。例如，研究台北市某里長為何可以連任十次？大約研究這個里的政治生態即可。或研究李登輝如何從「忠誠的國民黨員」，變成賣台漢奸又背叛祖宗的炎黃敗家子孫？就得研究百年來美、倭（日）和兩岸的政治變遷，以及黨派鬥爭史等。

研究范蠡所處時代的國際環境關係，不外是晉、楚、吳、越。范由楚奔越，終極目標是消滅吳，所以楚吳越和范蠡是「直接關係」，而晉則是「間接關係」。但這個間接推力很強大，因為吳楚、吳越大戰，晉國是背後一股很強力的「戰略計畫」在推動。

這情境很類似現在中國崛起，老一輩的地球霸主美國拼命制壓中國，且聯倭、菲、越制中，有一天終於爆發中倭、中越等戰爭，美國雖未參戰，但牠就是「元兇」，不是嗎？

本章只針對晉、楚、吳、越四國，分別簡述其建國、立國之歷史，置重點於和范蠡同時代前後的政局。惟對晉國執行其「大戰略計畫」，加速並增強吳楚、吳越大戰，此一戰爭源頭亦加說明。

## 壹、晉：立國最久，最早執行「聯吳制楚」戰略

晉，本文四國中立國最早，最久者。（注一）第一任領導叫唐侯，姓姬虞，父姬發（即周武王），前一一一六年（乙酉），姬發卒，子姬誦嗣位，是為周成王，周公姬旦以冢宰輔政，前一一一二年（己丑），姬誦封叔姬封為康侯，封弟姬虞為唐侯，這年是晉國的開國元年。

周朝是我國立國最久的朝代，但到了春秋初期，周室王綱失墜，諸侯混亂形成無政府狀態中，幸有管仲佐齊桓公以「尊王攘夷」之策，阻止楚國北侵，維持中原各國安全。桓公、管仲謝世後，繼起者有晉國文公、景公、悼公、平公。晉景公晚年時，他鑒於楚國聯結齊秦有三面包圍晉國之態勢，他命士會（范蠡的一世祖）為卿（如今之行政院長），

與郤克、欒書、韓厥等，共同擬訂一份「國家安全戰略」，也是維持晉國霸業的長期計畫書，重點包括以下各項。（注二）

一、復興晉國霸業，必須阻遏楚國的北侵，如齊桓公與晉文公之所為。

二、阻遏楚國的北侵，必須先拆散楚齊秦的聯合。此則必須爭取齊國以為我助或使其中立。

三、爭取齊國，必須先併滅太行山區的赤狄，以使晉齊兩國壤地相接，作直接的

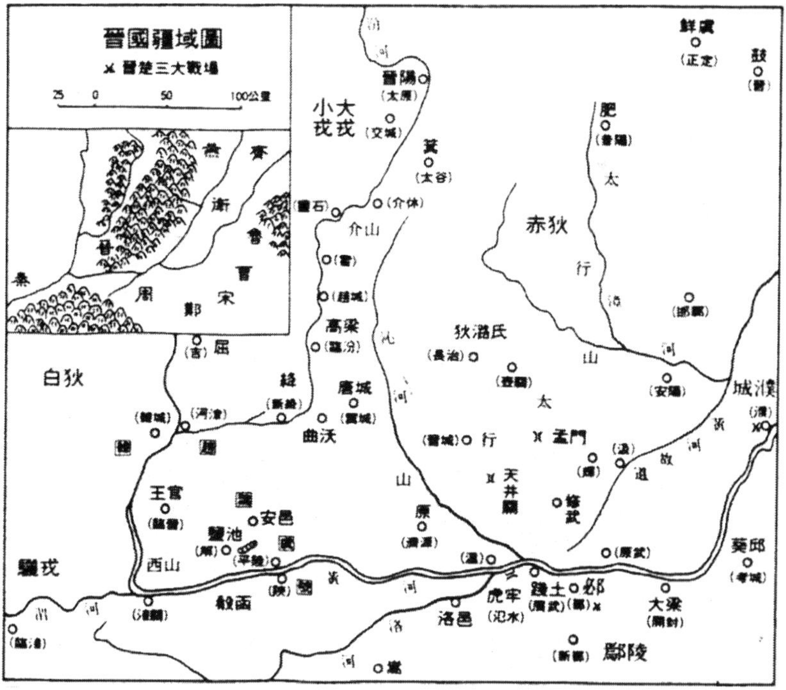

連絡。這樣、晉齊相聯以保有魯衛曹宋，則可使中原北部連成一片，形成對楚地略的優勢。

四、聯齊如成，則伺機先擊破秦國以孤立楚國，但此必須先與楚國修好，以使楚不援秦。此必須以極機密的謀略行之，以免弄巧成拙。

五、繫破秦國後，即乘楚孤立之際迅速將楚軍擊破以遏其勢。

六、但楚國為一強大之國，難於一舉將它擊滅。為長遠對楚作戰計，則必須聯絡東南方的吳國，助其強大以包圍其側背，則為制楚最佳之戰略。

七、自狄處於晉國西北方，為防其為秦國所利用擾亂我後方，則須儘先驅逐之於遠方。

晉國此一大戰略執行極為成功，郤克接士會為卿，景公死厲公繼位，以欒書為卿；厲公死悼公繼位，以韓厥為卿，都執行相同政策。晉景公的霸業，起於周定王十一年（前五九六年），到弭兵會召開之年（周靈王二十六年，前五四六年），共五十年。而弭兵會迫使楚國「暫時」北侵中原，但也迫使楚國「先東出再北進」，東出定要爆發吳楚大戰，所以晉景公的大戰略有一項「聯吳制楚」。

晉國為執行「聯吳制楚」戰略，最早由中公巫臣出使吳國，協助吳王建軍備戰。而整件事（含助吳伐楚），竟和陳國一個亂倫事件與申公的詭異愛情有關。申公巫臣，本名屈巫臣，為楚國大夫，封於申，故稱申公。

周定王八年（前五九九）夏，陳大夫夏徵舒殺陳靈公，陳大亂。陳是媯姓小國，陳靈公昏庸淫亂，竟和佞臣孔寧、儀行父與大夫夏徵舒之母夏姬私通。這年裡，靈公、孔寧、儀行父在夏姬家中飲酒作樂，夏徵舒以主人身份陪著。酒酣耳熱之際，靈公向孔寧二人開玩笑說：「徵舒長得真像你們！」二人也回答：「還是長得更像您。」夏徵舒恨在心裡，暗中命弓弩手射死靈公。次年（前五九八年），楚莊王伐陳，討夏徵舒弒君之罪，楚人殺夏徵舒，並兼併陳國。

楚莊王伐陳得到美艷的夏姬，想納為愛妃，巫臣以有失體統極力勸阻。後楚大將子反想娶她，莊王已答應，但巫臣評夏姬是不祥之人，子反也落空。最後楚莊王把夏姬賜給老將軍連尹襄。其實巫臣和夏姬已在暗戀中，並極力在找尋機會。

次年（周定三十年、前五九七年），晉楚邲（河南鄭縣）之戰，連尹襄老陣亡，巫臣看到機會來了。他先叫夏姬以接回老將軍遺體之名到鄭國，自已再以出使齊國機會也到鄭國，帶夏姬逃到晉國，此事在楚國揭穿後，所有想得到夏姬的人對申公族人進行大報復，在《左傳》有這樣記載：

> 及共王即位，子重、子反殺巫臣之族子閻、子蕩及清尹弗忌及襄老之子黑要，而分其室。子重取子閻之室，使沈尹與王子罷分子蕩之室，子反取黑要與清尹之室。巫臣自晉遺二子書曰：「爾以讒慝貪惏事君，而多殺不辜，余必使爾罷於奔命以死。」（注三）。

巫臣為了得到夏姬，害得他在楚國的族人被殺，家被抄，妻妾被分佔，此時晉正為「聯吳制楚」尋找適當人才，乃封巫臣為大夫，出使吳國，《左傳》亦說：

> 巫臣請使於吳，晉侯許之，吳子壽夢說之，乃通吳于晉，以兩之一卒適吳，舍偏兩之一焉。與其射御，教吳乘車，教之戰陣，教之叛楚。寘其子狐庸焉，使為行人於吳。吳始伐楚，伐巢，伐徐。（注四）

「一卒」是一百二十五人，「一偏」是九輛戰車。狐庸是申公的兒子，也帶到吳國被任命為行人（外交官），負責說服江漢各小國叛楚歸吳。此後吳楚戰爭大約持續八十年，楚國招來八十年戰禍並也策動「聯越制吳」，這一切的發生，背後竟有一個美麗的女人——夏姬。但吳楚、吳越大戰近百年，她也算始因之一。

在晉、楚、吳、越的各國戰略布局中，發現一個有趣的因緣，晉景公「聯吳制楚」最初的關鍵人物范士會，他是范蠡的一世祖（見第一章范蠡族譜），六世孫范蠡卻執行了「聯越制吳」政策，最後滅了吳國，這因緣多麼奇妙！

## 貳、楚：江漢爲池、南方強權、問鼎中原

楚之立國亦久遠，只比晉少三百餘年。（注五）按《史記》卷十〈楚世家〉說，楚先出自帝顓頊高陽，是道地的黃帝子孫。

> 楚之先世，出自帝顓頊高陽。高陽者，黃帝之孫……重黎為帝嚳高辛居火正，帝嚳命曰祝融……其弟吳回生陸終，陸終生子六

楚王鼎（商承祚：十二家吉金圖錄）

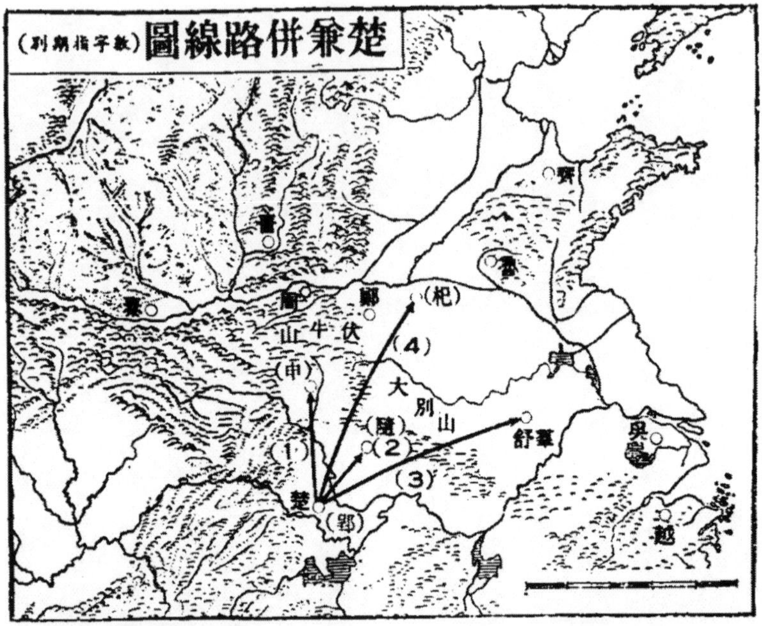
楚兼併路線圖（數字指期別）
齊
魯
晉
秦
周
鄭
(杞)
伏牛山
(申)
(4)
大別山
(隨)
(2)
(1)
(3)
舒蓼
吳
楚
(郢)
越

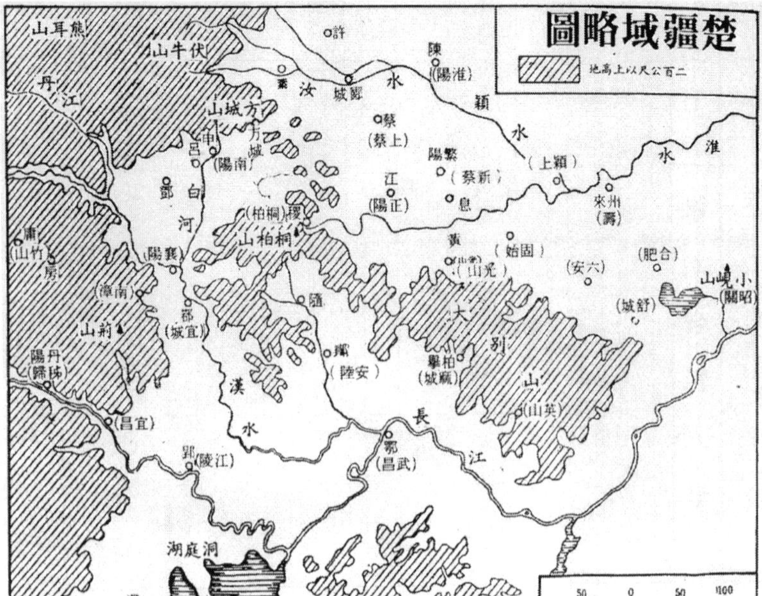
楚疆域略圖
二百公尺以上高地
熊耳山
伏牛山
丹江
方城山
許
陳
(淮陽)
汝水
鄭城
潁水
蔡
(上蔡)
申
呂
(南陽)
方城
繁陽
(新蔡)
(潁上)
淮水
鄧
白河
江
(正陽)
息
州來
(壽)
(桐柏)
桐柏山
黃
(固始)
(竹山)
房
襄陽
(光山)
(六安)
(合肥)
小峴山
(昭關)
(南漳)
鄀
(宜城)
隨
(舒城)
荊山
丹陽
(秭歸)
鄖
(安陸)
柏舉
(麻城)
大別山
漢水
(英山)
(宜昌)
長江
鄂
(武昌)
郢
(江陵)
洞庭湖
(常德)
50　0　50　100

人……六日季連，羋姓，楚其後也。」（注六）

是楚之先世，亦有戎狄之血統。〈楚世家〉又曰：「周文王之時，季連之苗裔曰鬻熊。鬻熊之子事文王，蚤卒。其子曰熊麗，熊麗生熊狂，熊狂生熊繹，熊繹當周成王之時。舉文、武勤勞之後嗣，而封熊繹於楚蠻，封以子男之田，姓羋氏，居丹陽。」（注七）丹陽在今湖北省秭歸縣，長江三峽區域。

這個南方小國漸漸的向四方擴張，尤其北侵威脅中原各國安全。周惠王二十一年（前六五六年），楚成王和齊桓公有「召陵之盟」；周襄王二十年（前六三二年），晉楚城濮（今山東省濮縣）之戰，楚軍大敗，城濮一戰，救危宋，安齊、魯，翦伐強楚，再次挽救中原各國命運，使中原諸國團結共禦強楚有信心，維持此後的平衡穩定達百年。現代戰略家鈕先鍾先生，在其名著《中國歷史中的決定性會戰》，僅有十個會戰，城濮之戰為其一。（注八）可見此一戰役的重要，晉楚雖持續爭霸，各有勝敗，至少尚未危及中原安全。但楚莊王「問鼎」事件，應該嚇到了周天子。楚莊王八年（周定王元年，前六〇六年），伐陸渾戎，遂至於洛，觀兵於周郊（對周天子武力示威），《史記》〈楚世家〉曰：

周定王使王孫滿勞楚王。楚王問鼎小大輕重，對曰：「在德不在鼎。」莊王曰：「子無阻九鼎！楚國折鉤之喙，足以為九鼎。」王孫滿曰：「嗚呼！君王其忘之乎？昔虞夏之盛，遠方皆至，貢金九牧，鑄鼎象物，百物而為之備，使民知神姦。桀有亂德，鼎遷於殷，載祀六百。殷紂暴虐，鼎遷於周。德之休明，雖小必重；其姦回昏亂，雖大必輕，昔成王定鼎於郟鄏，卜世三十，卜年七百，天所命也。周德雖衰，天命未改，鼎之輕重，未可問也。」楚王乃歸。（注九）。

這是有名的楚莊王問鼎事件，雖對周天子有所威脅，至少也表示莊王的雄心壯志，有代周而取天下之意。但楚國到了靈、平兩代開始衰敗，史稱「靈平之亂」，如靈王好細腰，而美人少食；又起章華之臺，致民力凋敝。靈王三年（前五八三年），大會諸侯於申，驕盈無度，平王乘其在外，入國而奪其位，靈、平皆篡弒得國又昏淫無度，平王更是昏淫之極，搶兒子的女人還要殺兒子，聽信費無忌讒言殺伍奢父子。伍子胥奔吳，范蠡、文種奔越，都因楚平王之昏淫而起，其國不衰也難。

終於導至吳師入郢，楚昭王奔隨，子胥掘平王墓，出其屍鞭之，楚險些亡國，靠申包胥到秦國哭求救兵，昭王得以復國。但就在吳軍入郢都，慶賀大勝之際，越國軍隊入侵吳都，大掠而回。這時范蠡、文種已在越五年了，定是他倆幹的好事想救祖國於危亡的想法必然是有的。

## 參、吳：立國不長、先祖淵源流長

打開吾國最古歷史，殷商第二十四任帝時期，前一二三一年，周部落酋長古公亶父卒，子姬季歷嗣位；第二十九任帝時，前一一八四年，夏帝殺姬季歷，子姬嗣位。吳國的先祖從這裡開始，立國不長，先祖久遠。（注一〇）《史記》〈吳太伯世家〉曰：

吳太伯，太伯弟仲雍，皆周太王之子，而王季歷之兄也。季歷賢，而有聖子昌，太王欲立季歷以及昌，於是太伯、仲雍二人乃犇荊蠻，文身斷髮，亦不可用，以避季歷，季歷果立，是為王季，而昌為文王。太伯之犇荊蠻，自號句吳。荊蠻義之，從而歸之千餘家，立為吳太伯。（注一一）

《史記》「集解」韋昭曰：「後武王追封為吳伯，故曰吳太伯。」（注一二）吳之立國，從千餘家開始，發展到最後（夫差亡國前），國土範圍大約是現在長江三角洲平原。

吳太伯傳十九世，到壽夢才正式稱王建國，吳始通中國，像是去國很久才回故鄉，但故鄉的兄弟「虞」衰落了，夷蠻之「吳」興了。

《史記》曰：

> 自太伯作吳，五世而武王克殷，封其後為二：其

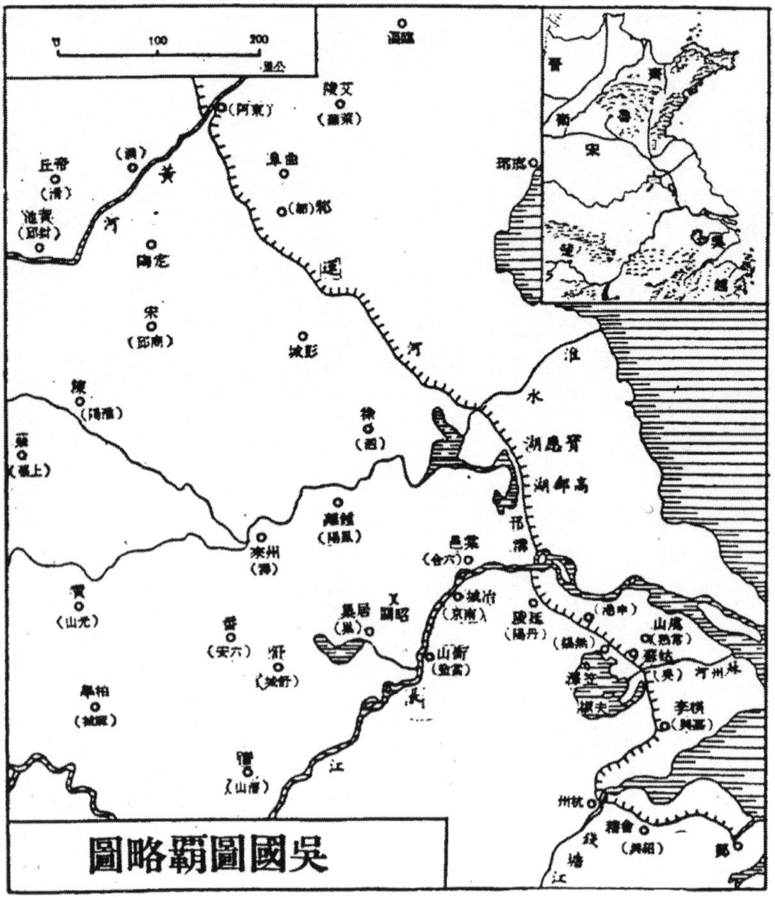

吳國霸圖略圖

一虞，在中國；其一吳，在夷蠻。十二世而晉滅中國之虞，中國之虞滅二世，而夷蠻之吳興。大凡從太伯至壽夢十九世。（注一三）

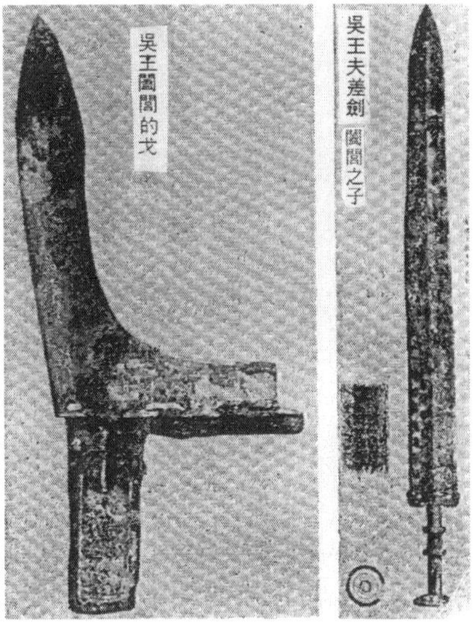
吳王夫差劍　闔閭之子

吳王闔閭的戈

申公巫臣於壽夢二年（前五八四年）至吳，二十五年壽夢卒。壽夢有四子，長曰諸樊、次曰餘祭、三曰餘昧、末曰季札。季札賢，壽夢欲立之，季札讓不可，乃立長子諸樊。由於季札一再讓位，他的三個兄長更迭為君，諸樊既死，傳餘祭；餘祭死，傳餘昧，餘昧死，當傳季札，季

吳王夫差鑑　鑑是盛水器

在鑑腹內有銘文三行十三字「攻吳王夫差擇厥吉金，自作御監」，當時已稱之爲「御監」，爲周敬王時代的器具，在清同治年間於山西代州蒙王村出土。

季札像（三才圖會）

季札封於延陵（江蘇省丹陽縣南十五公里），故號曰延陵季子。

烏乎！有吳延陵君，子之葬。

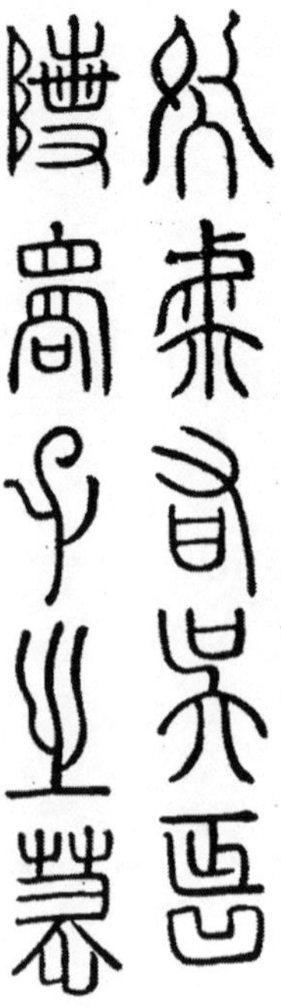

孔子題字（摹本）

孔子題字，歲久剝蝕，唐內府藏有眞跡摹本。宋崇寧元年（西元一一〇二年），朱彥知常州，重刻石於江陰申港鎮季子墓旁延陵廟中，俗呼十字碑。碑高七尺七寸，廣三尺二寸，古篆二行，每行五字。此爲孔子題吳季子墓字之由來。

札逃不肯立，乃立餘昧之子僚為王，是為吳王僚，卻已引起公子光（諸樊的兒子）不滿。

正好伍子胥奔吳，他正在找一個「大舞台」，不為王僚所用，他看出公子光的企圖，於是他幹了一件「政治豪賭」，安排刺客專諸給公子光，發動政變，殺了王僚，公子光自立，是為吳王闔閭。

吳王闔閭確是發奮為雄，又有孫子、伍員、伯嚭三個強將，吳國日益強大。闔閭在位時，伍子胥始終得到重用，闔閭對吳越關係的判斷與伍胥同，故伍胥能得到闔閭信任，范蠡等似無計可施。若闔閭不死，范蠡等可能無法除掉伍胥，歷史是很弔詭的。闔閭死，夫差嗣位，這夫差和豬頭差不多，完全活在伯嚭的讒言中，沒有判斷力，這當然就是范蠡的機會了。

## 肆、越：勾踐復國，成爲歷史典範與傳奇

打開吾國古歷史，從第一個夏朝開始。前二二〇五年（丙子），諸部落酋長公推姒文命為中國領導，建夏王朝，尊號「夏禹帝」。前二一九八年（癸未）禹帝卒，諸部落推任益為帝，姒文命子姒啟不服，前二一九五年姒殺任益，繼任為帝。

前二一八九年姒啟卒，子姒太康繼帝位，太康暴虐被有窮部落酋長后羿逐奔斟鄩（河南鞏縣），其弟姒仲康嗣位為夏第四任帝，五任姒相，前二一四五年后羿逐姒相，自任為帝。

大江三角洲圖

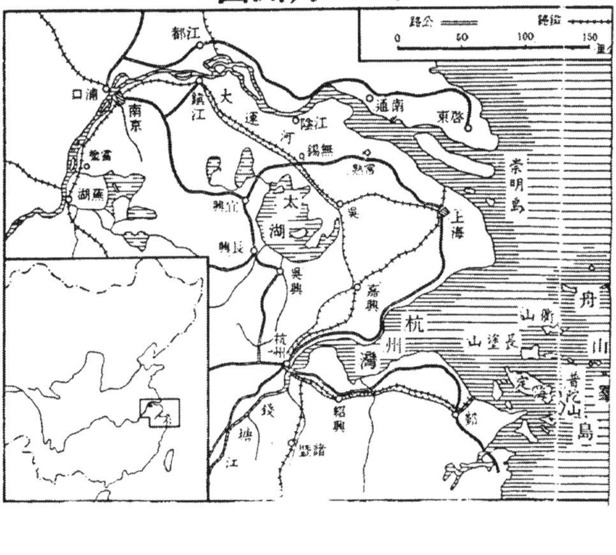

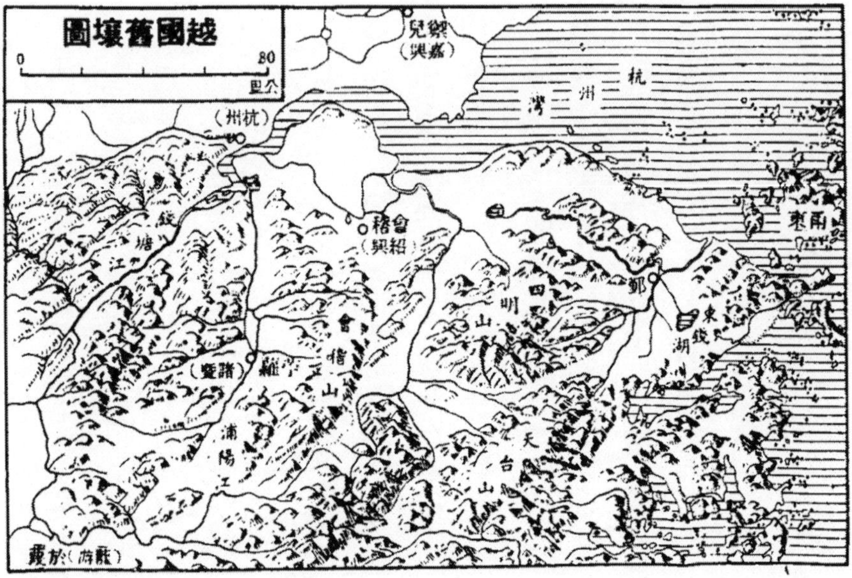
越國舊壤圖
0
80
公里
（嘉興）
杭州灣
（杭州）
錢塘江
會稽
（紹興）
鄞
四明山
東錢湖
會稽山
（諸暨）
浦陽江
天台山

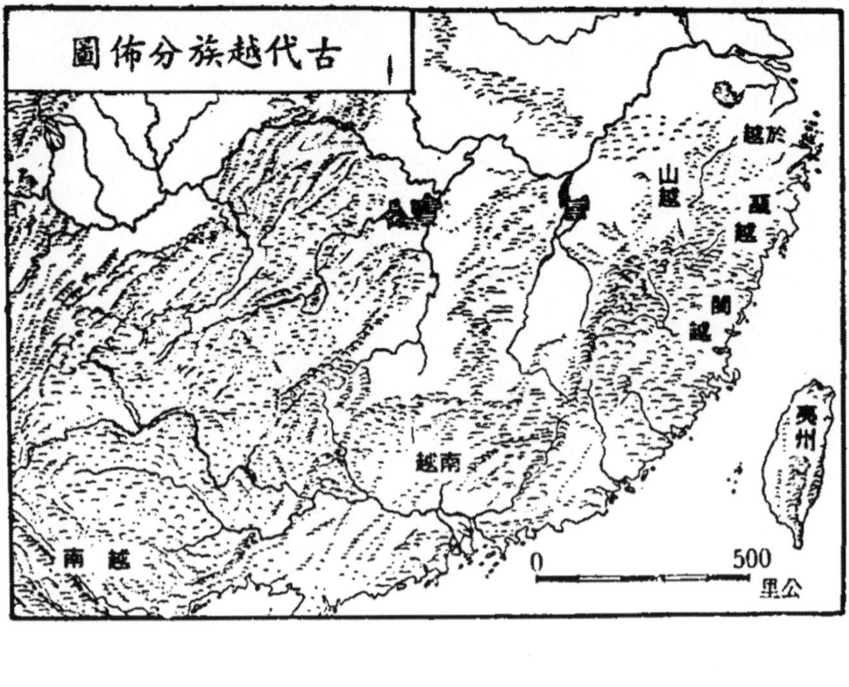
古代越族分佈圖
於越
山越
甌越
閩越
南越
夷州
南越
0
500
公里

前二一三八年寒浞殺后羿自任帝，前二一一八年寒浞殺姒相，姒相妻緡奔有仍（山東齊寧），生遺腹子姒少康。

前二〇七九年（壬午），姒少康襲殺寒浞，是為夏第八任帝，史稱「少康中興」。

本章所講越王勾踐的祖先淵源，就從少康開始。《史記》〈勾踐世家〉開宗曰：

> 越王勾踐，其先禹之苗裔，而夏后帝少康之庶子也。封於會稽，以奉守禹之祀，文身斷髮，披草萊而邑焉，後二十餘世，至於允常。允常之時，與吳王闔廬戰而相怨伐。允常卒，子勾踐立，是為越王。（注一四）

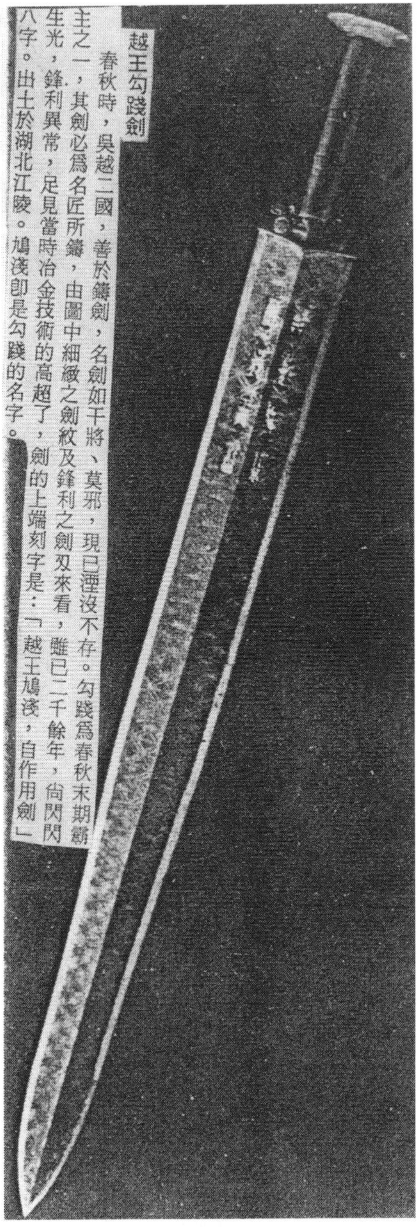

越王勾踐劍
春秋時，吳越二國，善於鑄劍，名劍如干將、莫邪，現已湮沒不存。勾踐爲春秋末期霸主之一，其劍必爲名匠所鑄，由圖中細緻之劍紋及鋒利之劍刃來看，雖已二千餘年，尚閃閃生光，鋒利異常，足見當時冶金技術的高超了，劍的上端刻字是：「越王鳩淺，自作用劍」八字。出土於湖北江陵。鳩淺卽是勾踐的名字。

《吳越春秋》再說明云：「禹周行天下，還歸大越，登茅山以朝四方群臣，封有功爵有德，崩而葬焉。至少康，恐禹跡宗朝祭祀之絕，乃封其庶子於越，號曰無餘。」賀循《會稽記》云：「少康，其少子號曰於越，越國之稱始此。」（注一五）此一記述不易理解，「越國」之稱即始於少康，歷史年表卻以勾踐之父允常為第一任國主，從始祖姒少康到姒允常約有一千五百年，見後表且《史記》也沒有交待，這裡尚有很多研究空間，留給有心人去發掘尚未出土面世的傳奇吧！

歷史因緣給范蠡、文種揮灑的大舞台，當他們出奔越國時，允常正有「富國強兵」的企圖，急須人才。《史記》〈越王勾踐世家〉「正義」《輿地志》云：「越侯傳國三十餘葉，歷至周敬王時，有越侯夫譚，子曰允常，拓土始大，稱王，春秋貶為子，號為於越。」（注一六）從他倆

| 國別 | 元首 | 相將 | 全面建設時間 | 成果 | 附記 |
| --- | --- | --- | --- | --- | --- |
| 齊 | 齊桓公 | 管子 | 二十年 | 霸諸侯 | 不含對外霸諸侯時間 |
| 秦 | 秦穆公 | 百里奚 | 十五年至三十五年 | 三定晉君霸西戎 | |
| 楚 | 楚武王 | 鬥伯比 | 五十一年 | 兼併漢東 | 含建設及兼併時間 |
| | 楚文王 | | 十三年 | 進出河南平原 | |
| | 楚成王 | 子文　屈完 | 三十年 | 勢力迷漫中原 | |
| 晉 | 晉獻公 | 荀息　里克 | 十五年至二十五年 | 擁有今山西之大部及於河西河南 | |
| | 晉文公 | 趙衰　子犯　郤縠 | 三年半 | 擊敗楚軍霸諸侯 | |
| 吳 | 諸樊 | | 壽夢二十五年　諸樊十三年　共三十八年 | 威脅楚國 | |
| | 闔閭 | 伍子胥　孫武 | 王僚十二年　闔閭九年　共二十一年 | 西伐楚入郢 | |
| 越 | 勾踐 | 文種　范蠡　計然 | 二十年（建設不能自由受吳人之監視與干涉） | 滅吳 | |

奔越（前五一〇年），到允常死（前四九六年），協助越王允常時間長達十四年。

從范蠡、文種所處的時代大環境看，春秋末葉正是孔子說的「禮樂崩壞」，王不王、父不父、子不子的時代。各國都為爭霸而採行「富國強兵」之策，相互攻伐、篡弒成了流行。然而，最動亂的時代，也是英雄豪傑展現能力、發揮自我的大好時機。如表所示，各國因有了人才，國家得以富強。（注一七）

范蠡、文種奔越，讀史之人大多知道，但很多人不知道同時奔越還有范蠡的老師計然。這三個拔尖人才，范蠡是兵法家，文種是政治家，計然是財經專家，有此三人輔佐越王允常和勾踐，終能興國、滅吳、稱霸。

# 晉

共四十任君 四十侯 前一一一二—前三七六 立國七百三十七年

建都：山西絳城 疆域：山西省・河北省 亡於韓趙魏瓜分

| 任數 | 廟號 | 尊號 | 姓名 | 親屬 | 在位起訖紀元前 | 即位去位年齡 | 在位年 | 年號 | 備註 |
|---|---|---|---|---|---|---|---|---|---|
| ① | | 唐侯 | 姬虞 | 父 姬發<br>兄 姬誦 | 1112 | | | | |
| ② | | 晉侯 | 姬燮 | 父 姬虞 | | | | | |
| ③ | | 武侯 | 姬寧族 | 父 姬燮 | | | | | |
| ④ | | 成侯 | 姬服人 | 父 姬寧族 | | | | | |
| ⑤ | | 厲侯 | 姬福 | 父 姬服人 | | | | | |
| ⑥ | | 靖侯 | 姬宜臼 | 父 姬福 | 886<br>841 | | 46 | 元年（前八五五） | |
| ⑦ | | 釐侯 | 姬司徒 | 父 姬宜臼 | 841<br>823 | | 19 | 元年（前八四〇） | |

| | | | | | | | | |
|---|---|---|---|---|---|---|---|---|
| ⑧ | | 獻侯 | 姬籍 | 父 姬司徒 | 823<br>812 | | 12 | 元年（前八二二） | |
| ⑨ | | 穆侯 | 姬弗生 | 父 姬籍 | 812<br>785 | | 28 | 元年（前八一一） | |
| ⑩ | | 殤叔 | | 父 姬籍<br>兄 姬弗生 | 785<br>781 | | 5 | 元年（前七八四） | |
| ⑪ | | 文侯 | 姬仇 | 父 姬弗生 | 781<br>746 | | 36 | 元年（前七八〇） | |
| ⑫ | | 昭侯 | 姬伯 | 父 姬仇 | 746<br>739 | | 8 | 元年（前七四五） | |
| ⑬ | | 孝侯 | 姬平 | 父 姬伯 | 739<br>724 | | 17 | 元年（前七三八） | |
| ⑭ | | 鄂侯 | 姬郄 | 父 姬平 | 724<br>718 | | 7 | 元年（前七二三） | |
| ⑮ | | 哀侯 | 姬光 | 父 姬郄 | 718<br>709 | | 10 | 元年（前七一七） | |
| ⑯ | | 小子侯 | 姬小子 | 父 姬光 | 709<br>705 | | 5 | 元年（前七〇八） | |
| ⑰ | | 晉侯 | 姬緡 | 父 姬郄<br>兄 姬光 | 704<br>679 | | 27 | 元年（前七〇四） | |

| | | | | | | | | | |
|---|---|---|---|---|---|---|---|---|---|
| ⑱ | | 武公 | 姬稱 | 曾祖父 姬弗生<br>祖父 姬成師<br>父 姬鱓 | 678<br>677 | | 2 | 二十八年（前六七八） | |
| ⑲ | | 獻公 | 姬詭諸 | 父 姬稱 | 677<br>651 | | 27 | 元年（前六七六） | |
| ⑳ | | | 姬奚齊 | 父 姬詭諸<br>母 驪姬 | 651.9<br>651.10 | 一一<br>一一 | 2月 | | 被殺 |
| ㉑ | | | 姬卓子 | 父 姬詭諸<br>母 驪姬妹 | 651.10<br>651.11 | | 2月 | | 被殺 |
| ㉒ | | 惠公 | 姬夷吾 | 父 姬詭諸<br>母 翟狐女妹 | 651<br>637 | | 15 | 元年（前六五〇） | |
| ㉓ | | 懷公 | 姬圉 | 父 姬夷吾<br>母 梁姬 | 637.9<br>636.2 | | 6月 | 元年（前六三六） | 被殺 |
| ㉔ | | 文公 | 姬重耳 | 父 姬詭諸<br>母 翟狐女 | 636<br>628 | 六二<br>七〇 | 9 | 元年（前六三五） | |
| ㉕ | | 襄公 | 姬歡 | 父 姬重耳 | 628<br>621 | | 8 | 元年（前六二七） | |
| ㉖ | | 靈公 | 姬夷皋 | 父 姬歡<br>母 穆嬴 | 620<br>607 | | 14 | 元年（前六二〇） | 被殺 |
| ㉗ | | 成公 | 姬黑臀 | 父 姬重耳<br>兄 姬歡<br>母 周女 | 607<br>600 | | 8 | 元年（前六〇六） | |
| ㉘ | | 景公 | 姬獳 | 父 姬黑臀 | 600<br>581 | | 20 | 元年（前五九九） | |

| | | | | | | | | |
|---|---|---|---|---|---|---|---|---|
| ㉙ | | 厲公 | 姬壽曼（州蒲） | 父 姬獳 | 581<br>573 | | 9 | 元年（前五八〇） | 被殺 |
| ㉚ | | 悼公 | 姬周 | 曾祖父 姬歡<br>祖父 姬捷<br>父 姬談 | 573<br>558 | 一四<br>二一九 | 16 | 元年（前五七二） | |
| ㉛ | | 平公 | 姬彪 | 父 姬周 | 558<br>532 | | 27 | 元年（前五五七） | |
| ㉜ | | 昭公 | 姬夷 | 父 姬彪 | 532<br>526 | | 7 | 元年（前五三一） | |
| ㉝ | | 頃公 | 姬去疾 | 父 姬夷 | 526<br>512 | | 15 | 元年（前五二五） | |
| ㉞ | | 定公 | 姬午 | 父 姬去疾 | 512<br>475 | | 38 | 元年（前五一一） | |
| ㉟ | | 出公 | 姬錯 | 父 姬午 | 475<br>458 | | 18 | 元年（前四七四） | 被逐 |
| ㊱ | | 哀公・敬公 | 姬驕 | 曾祖父 姬夷 | 458<br>440 | | 19 | 元年（前四五七） | |
| ㊲ | | 幽公 | 姬柳 | 父 姬驕<br>妻 秦嬴 | 440<br>422 | | 19 | 元年（前四三九） | 被殺 |
| ㊳ | | 烈公 | 姬止 | 父 姬柳 | 422<br>393 | | 30 | 元年（前四二一） | |
| ㊴ | | 孝公 | 姬傾 | 父 姬止 | 393<br>378 | | 16 | 元年（前三九二） | |
| ㊵ | | 靜公・竫公 | 姬俱酒 | 父 姬傾 | 378<br>376 | | 3 | 元年（前三七七） | |

# 楚（戰國時代）

共二十六任君　二十六王　前七四一—前二二三　立國五百一十九年

建都：湖北江陵　疆域：長江．淮河流域　亡於秦

| 任數 | 庙號 | 尊號 | 姓名 | 親屬 | 在位起訖紀元前 | 即位去位年齡 | 在位年 | 年號 | 備註 |
|---|---|---|---|---|---|---|---|---|---|
| | | 楚子 | 羋熊繹 | 祖父 鬻熊<br>父 熊狂 | | | | | |
| | | | 羋熊勇 | 父 羋熊延 | 847<br>838 | | 10 | | |
| | | | 羋熊嚴 | 父 羋熊延<br>兄 羋熊勇 | 838<br>828 | | 11 | | |
| | | | 羋熊霜 | 父 羋熊嚴 | 828<br>822 | | 7 | | |
| | | | 羋熊絢 | 父 羋熊嚴<br>兄 羋熊霜 | 822<br>800 | | 23 | | |
| | | | 羋熊咢 | 父 羋熊絢 | 800<br>791 | | 10 | | |
| | | 若敖 | 羋熊儀 | 父 羋熊咢 | 791<br>764 | | 28 | | |

| | | | | | | | | | | |
|---|---|---|---|---|---|---|---|---|---|---|
| 序 | | | 1 | 2 | 3 | 4 | 5 | 6 | 7 | 8 |
| | | | | | | | | | | |
| 諡號 | 霄敖 | 蚡冒 | 武王 | 文王 | 杜敖 | 成王 | 穆王 | 莊王 | 共王 | 康王 |
| 名 | 芈熊坎 | 芈熊眴 | 芈熊通 | 芈熊貲 | 芈熊艱 | 芈熊惲 | 芈商臣 | 芈侶 | 芈審 | 芈昭 |
| 父 | 父 芈熊儀 | 父 芈熊坎 | 父 芈熊坎 | 父 芈熊通 | 父 芈熊貲 | 父 芈熊貲 | 父 芈熊惲 | 父 芈商臣 | 父 芈侶 | 父 芈審 |
| 在位 | 764 758 | 758 741 | 741 690 | 690 675 | 675 672 | 672 626 | 626 614 | 614 591 | 591 560 | 560 545 |
| | | | | | | | | | 一〇四一 | |
| 年數 | 7 | 18 | 52 | 16 | 4 | 47 | 13 | 24 | 32 | 16 |
| 元年 | | | 元年（前七四一） | 元年（前六八九） | 元年（前六七四） | 元年（前六七一） | 元年（前六二五） | 元年（前六一三） | 元年（前五九〇） | 元年（前五五九） |
| | | | | | 被殺 | 被殺 | | | | |

| | | | | | | | | | | |
|---|---|---|---|---|---|---|---|---|---|---|
| 9 | | 郟敖 | 羋員 | 父羋昭 | 545<br>541 | | 5 | 元年（前五四四） | 絞死 |
| 10 | | 靈王 | 羋圍 | 父羋審 侄羋員 | 541<br>529 | | 13 | 元年（前五四〇） | 縊死 |
| 11 | | 初王 | 羋比 | 父羋審 兄羋圍 | 529.4<br>529.5 | | 2月 | | 自殺 |
| 12 | | 平王 | 羋棄疾（熊居） | 父羋審 兄羋比 | 529<br>516 | | 14 | 元年（前五二八） | |
| 13 | | 昭王 | 羋軫 | 父羋棄疾 母秦女 | 516<br>489 | | 28 | 元年（前五一五） | |
| 14 | | 惠王 | 羋章 | 父羋軫 母越女 | 489<br>432 | | 58 | 元年（前四八八） | |
| 15 | | 簡王 | 羋仲 | 父羋章 | 432<br>408 | | 25 | 元年（前四三一） | |
| 16 | | 聲王 | 羋當 | 父羋仲 | 408<br>402 | | 7 | 元年（前四〇七） | 被殺 |
| 17 | | 悼王 | 羋疑 | 父羋當 | 402<br>381 | | 22 | 元年（前四〇一） | |
| 18 | | 肅王 | 羋臧 | 父羋疑 | 381<br>370 | | 12 | 元年（前三八〇） | |

| | | | | | | | | | |
|---|---|---|---|---|---|---|---|---|---|
| 19 | | 宣王 | 羋良夫 | 父羋疑 兄羋臧 | 370 340 | | 31 | 元年（前三六九） | |
| 20 | | 威王 | 羋商 | 父羋良夫 | 340 329 | | 12 | 元年（前三三九） | |
| 21 | | 懷王 | 羋槐 | 父羋商 | 329 299 | | 31 | 元年（前三二八） | 入秦卒 |
| 22 | | 頃襄王 | 羋横 | 父羋槐 | 299 264 | | 36 | 元年（前二九八） | |
| 23 | | 考烈王 | 羋完 | 父羋横 | 264 238 | | 27 | 元年（前二六三） | |
| 24 | | 幽王 | 羋悍 | 父羋完 | 238 228 | | 11 | 元年（前二三七） | |
| 25 | | 哀王 | 羋猶（郝） | 父羋完 兄羋悍 | 228.2 228.3 | | 2月 | | 被殺 |
| 26 | | 楚王 | 羋負芻 | 父羋完 弟羋猶 | 228 223 | | 6 | 元年（前二二七） | |

# 越（於越）（春秋時代）

共七任君 七王 前四九七—前三三三 立國一百六十五年

建都：山東諸城 疆域：華東 亡於楚

| 任數 | 廟號 | 尊號 | 姓名 | 親屬 | 在位起訖紀前 | 即位去位年齡 | 在位年 | 年號 | 備註 |
|---|---|---|---|---|---|---|---|---|---|
| 始祖 | | | 姒少康 | | | | | （夏八任帝） | |
| | | | 姒允常 | | | | | | |
| 1 | | 菼執 | 姒句踐 | 父 姒允常 | 497 465 | | 33 | | |
| 2 | | | 姒石與（興夷）（鹿郢） | 父 姒句踐 | 465 459 | | 7 | | |
| 3 | | 盲姑 | 姒不壽 | 父 姒石與 | 459 449 | | 11 | | 被殺 |
| 4 | | | 姒翁（朱句） | 父 姒不壽 | 449 412 | | 38 | | |
| 5 | | | 姒翳（授） | 父 姒翁 弟 姒豫 子 姒諸咎 | 412 377 | | 36 | | 被殺 |
| 6 | | 莽安 | 姒之侯（無余） | 父 姒翳 | 375 365 | | 11 | | |
| 7 | | | 姒無疆（搜）（無顓） | 父 姒之侯 | 365 333 | | 33 | | 被殺 |

# 吳（春秋時代）

共七任君 七王 前五八六—前四七三 立國一百一十四年

建都：江蘇吳縣 疆域：江蘇省 亡於越

| 任數 | 庙號 | 尊號 | 姓名 | 親屬 | 在位起訖紀元前 | 即位去位年齡 | 在位年 | 年號 | 備註 |
| --- | --- | --- | --- | --- | --- | --- | --- | --- | --- |
| | | 勾吳 | 姬太伯 | 父 姬亶父<br>弟 姬季歷<br>侄 姬昌 | | | | | |
| | | | 姬仲雍（吳） | 父 姬亶父<br>兄 姬太伯 | | | | | |
| | | 吳伯 | 吳周章 | 父 吳仲雍<br>祖父 吳季簡<br>曾祖父 吳叔達 | | | | | |
| | | | 吳熊遂 | 父 吳周章 | | | | | |
| | | | 吳柯相 | 父 吳熊遂 | | | | | |
| | | | 吳疆鳩夷 | 父 吳柯相 | | | | | |
| | | | 吳餘橋夷吾 | 父 吳疆鳩夷 | | | | | |

| | | | | | | | | | |
|---|---|---|---|---|---|---|---|---|---|
| 1 | | 吳王 | 吳壽夢（乘） | 父　吳去齊 | 586 561 | | 26 | 元年（前五八五） | |
| | | | 吳去齊 | 父　吳句卑 | | | | | |
| | | | 吳句卑 | 父　吳頗高 | | | | | |
| | | | 吳頗高 | 父　吳轉 | | | | | |
| | | | 吳轉 | 父　吳禽處 | | | | | |
| | | | 吳禽處 | 父　吳夷吾 | | | | | |
| | | | 吳夷吾 | 父　吳屈羽 | | | | | |
| | | | 吳屈羽 | 父　吳周繇 | | | | | |
| | | | 吳周繇 | 父　吳柯盧 | | | | | |
| | | | 吳柯盧 | 父　吳餘橋夷吾 | | | | | |

| | | | | | | | | | |
|---|---|---|---|---|---|---|---|---|---|
| 2 | | 吳王 | 吳諸樊（謁）（過） | 父 吳壽夢<br>弟 吳季札 | 561<br>548 | | 14 | 元年（前五六〇） | 戰死 |
| 3 | | 吳王 | 吳餘祭 | 父 吳壽夢<br>兄 吳諸樊 | 548<br>544 | | 5 | 元年（前五四七） | 被殺 |
| 4 | | 吳王 | 吳夷眛 | 父 吳壽夢<br>兄 吳餘祭 | 544<br>527 | | 18 | 元年（前五四三） | |
| 5 | | 吳王 | 吳僚（州于） | 父 吳夷眛 | 527<br>515 | | 13 | 元年（前五二六） | 被殺 |
| 6 | | 闔廬 | 吳光 | 父 吳諸樊 | 515<br>496 | | 20 | 元年（前五一四） | 戰死 |
| 7 | | 吳王 | 吳夫差 | 祖父 吳光<br>父 吳波 | 496<br>473 | | 24 | 元年（前四九五） | 自殺 |

**注釋：**

注一：柏楊，《中國帝王皇后親王公主世系錄》（上冊）（星光出版社），頁二五九—二六三。（本書無出版時間）

注二：徐培根，《中國國防思想史》（台北：中央文物供應社，民國七十二年六月），頁三三五—三三六。

注三：袁少谷注，《左傳詳釋》（台北：五洲出版社，民國六十年四月一日），頁二一七〇。

注　四：同注三。

注　五：同注一，頁一一〇—一一三。

注　六：漢・司馬遷，《史記》（台北：宏業書周，民國七十九年十月十五日），頁一六八九—一六九〇。

注　七：同注六，頁一六九一—一六九二。

注　八：鈕先鍾，《中國歷史中的決定性會戰》（台北：麥田出版社，二〇〇三年五月）。

注　九：同注六，頁一七〇〇。

注一〇：同注一，頁一〇五—一〇七。

注一一：同注六，頁一四四五。

注一二：同注一一。

注一三：同注六，頁一四四八。

注一四：同注六，頁一七三九。

注一五：同注六，頁一七三九，（一）「正義」。

注一六：同注六，頁一七三九，（二）「正義」。

注一七：《春秋晉楚城濮之戰》，台北：實踐學社，民國五十二年八月，頁五九—六〇。

# 第三章　春秋時代國防戰略與戰略轉移附作用

吾國周代從周武王十三年（前一一二二年），克商於牧野，滅殷建國。到周赧王五十九年（前二五六年），秦兵擄走赧王姬延，周亡，享國八百六十六年，也有史家以秦始皇二十六年（前二二一年），結束戰國完成統一，則周朝共有九百零一年。

史家又把周朝分成西周、東周兩部份，東周分春秋和戰國兩時期，春秋時期從平王東遷洛陽（前七七〇年），到威烈王二十三年（前四〇三年），韓、趙、魏三家被封為諸侯，計有三百六十八年；後期戰國時期有一百八十二年之久。

周朝以封建制度立國，建國之初分封同姓諸侯五十五國，異姓諸侯七十八國。（注一）數百年後，到了春秋時代，封建制度處於崩解狀態，「春秋」和「戰國」，只是亂的程度不同，春秋各國維持現狀以策安全，戰國則「打破現狀」定於一以求恆久安全。各國領導階層和有智之士，必須提出一種「國家安全戰略」，確保中原各國安全，維護諸侯利益。

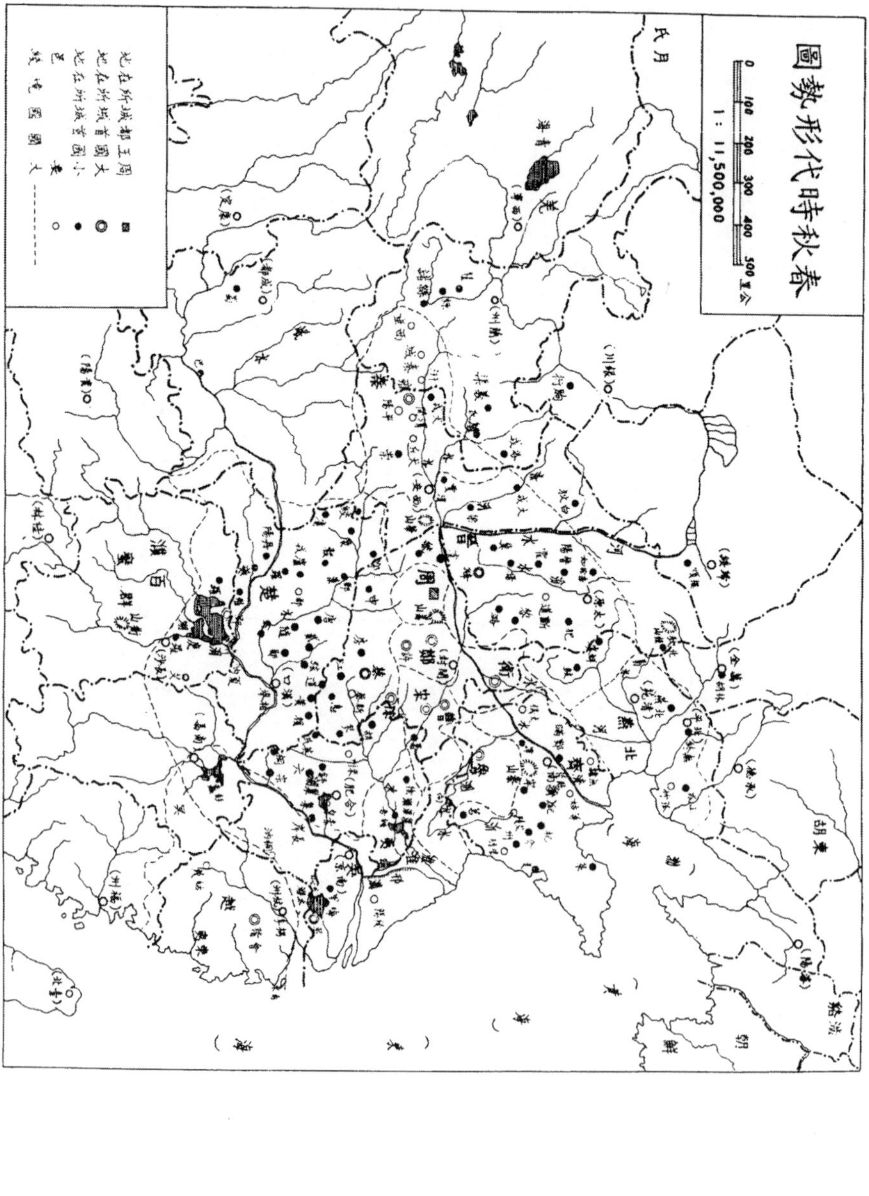
春秋時代形勢圖
0 100 200 300 400 500 公里
1：11,500,000
周
晉
楚
秦
齊
魯
宋
衛
鄭
燕
吳
越

# 壹、春秋時代國防戰略與戰略轉移

春秋時代由於禮治崩壞，井田、封建面臨瓦解，諸侯相攻伐，到春秋晚期齊併滅十四國，宋併滅十國，晉併滅二十五國，秦併滅二十餘國，吳併滅六國，楚併滅六十餘國並向中原進犯。（注二）周天子隨時可能一夕崩潰成無政府狀態，中原極須有個「外抗強楚、團結中原」的大政方針，才能挽救中原諸侯之危亡。

最先提出可以得到諸侯支持的大政方針，是管仲相齊桓公所高舉的「尊王攘夷」，即「尊王室、攘夷狄、繼絕世、舉廢國」。按管仲的構想，先強盛齊國，再領導中原諸侯，團結外抗強楚，要強盛齊國先從「富國強兵」及政經改革作起，他的「治民之道、必先富民」、「倉廩實則知禮節、衣食足則知榮辱」、「禮義廉恥，國之四維，四維不張，國乃滅亡」等，深得桓公支持，果然在齊桓公全盛時「九合諸侯、一匡天下」（注三），尊王攘夷政策的執行極為成功，這時的國際盟主是齊桓公，反而不是周天子，周天子已成「虛位元首」。

管仲、桓公謝世後，五子爭立，齊國內亂，幸好晉國維持霸政，持續執行「尊王攘夷」政策。（詳見第二章）尤其周襄王二十年（前六三二年），晉楚「城濮」（山東濮縣）一戰，楚軍大敗，再次維持了中原和平安全，周襄王乃封晉侯為伯（霸）。晉文公並在踐土（地在王畿內）修建一座王宮，周襄王親自來到踐土，並令王子虎代表天子與晉、宋、察、鄭、齊、衛諸國為盟，宣誓：「皆獎王室，勿相害也，有渝此盟，明神殛之，俾墜其師，無克祚國，及其元孫，無有老幼。」（注四）史稱「踐土之盟」，盟後五年，晉文公卒。

晉文公之後，襄公、景公、厲公、悼公、平公皆能維持晉國霸政，支持「尊王攘夷」政策。在「晉楚爭霸」期間，鄭國夾在兩大之間，成為兩大爭奪的「戰略要域」，親楚則受晉攻擊，親晉則楚擊之，情勢如筆者所處的台灣，另一個地處很慘的是宋國。

原來當時國際四大強權，北晉、南楚、西秦、東齊，宋國地處鄭國鄰居，位在四大強權中心，飽受戰爭之苦。

當時宋國（宋平公）向戍主政，他從各國矛盾中找和平機會。在積極的穿梭外交後，竟然成功的在宋國招開了「國際限武會議」，史稱「向戍弭兵盟」。這是在周靈王二十六年（前五四六年），有十國（宋、晉、楚、蔡、衛、陳、鄭、許、曹、魯）的和平會議，再五年有十一國（齊）的第二次和平會議，晉楚爭戰總算告一段落，楚國也暫時不

宋大夫向戌弭兵會(周靈王26年、前546年)

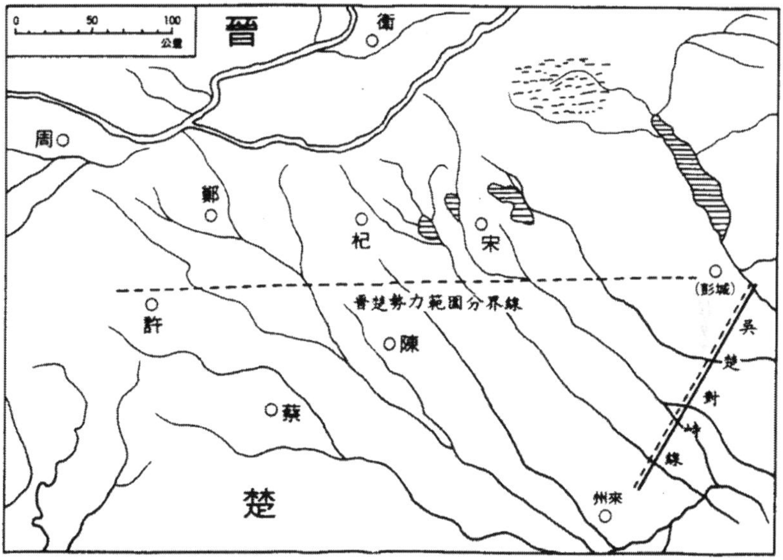


**春秋時代晉楚吳越的地緣戰略關係**

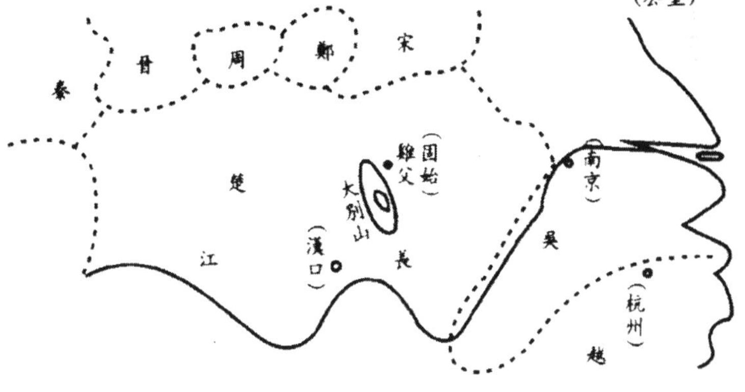


春秋末葉吳楚、吳越戰爭，乃晉楚爭霸的戰略轉移。

晉：聯吳制楚，使楚無力北進。

楚：聯越制吳，先東進再北侵。

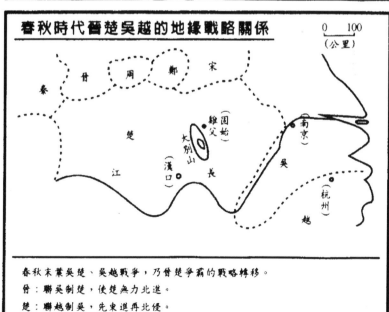

做北進打算。

世間事利弊總是各半，楚國暫停北進政策，卻使戰略轉移到東方，先東出再相機北進，東出必與吳國戰，乃「聯越制吳」，吳越之戰也成了必然。所以，吳楚、吳越大戰，從國際大戰略看，都是「尊王攘夷」和弭兵之盟的戰略轉移，大戰略架構下產生的附作用，因緣際會加上個人恩怨情仇，更增大時代故事的豐富和精彩。

## 貳、戰略轉移附作用（一）：吳楚戰爭概略經過

吳楚兩國爭奪之主要地區，既為淮河流域，重要戰略要點有大別山區、州來（今安徽鳳台縣）、鍾離（今安徽鳳陽縣東之臨淮關）、巢湖週邊的巢邑、鼇邑及長江航行權的掌控。兩國戰爭約持續八十年，分三階段：

### 吳楚戰爭第一階段：初期六十年緒戰

周簡王二年（楚共王七年、吳壽夢二年、前五八四年），申公巫臣到吳，遂以新練水陸兩軍北伐徐國（今安徽宿縣北符離集），討其附楚之罪，徐遂服於吳。八月，續攻

楚之州來城，時楚令尹公子嬰齊正用兵於鄭，移兵來救不及，復慘敗於鄭。（參看附圖其一、二）

周簡王十年（前五七六年冬），晉召魯、齊、宋、衛、鄭、邾、吳會盟於鍾離，至是晉景公「聯吳制楚」於以完成。次年（前五七五年），晉楚鄢陵之戰，楚軍大敗，舒庸遂導吳伐楚之巢邑，駕邑（今安徽蕪湖西魯港），釐邑（安徽無為）、虺邑（安徽繁昌縣西之荻港），楚救不及，均為吳軍佔領。（參看附圖其三）

周簡王十二年（前五七四年），楚恨上三年舒庸導吳伐楚一事，得悉舒庸恃吳為援，未有守禦，乃命公子橐率軍攻舒庸，吳救不及，舒庸被楚所滅。（參看附圖其四）

周靈王二年（前五七〇年）正月，楚令尹公子嬰齊率水師大軍沿江而下伐吳，不料慘敗，公子嬰齊因之發病而死。（參看附圖其五）

周靈王十二年（前五六〇年）秋，楚共王卒，子康王立。吳乘楚喪進兵伐楚，雙方戰於庸浦（今安徽貴池縣西北），楚軍勝，吳軍敗。（參看附圖其六）。

庸浦之戰翌年（前五五九年）秋，楚令伊公子貞（字子囊），率大軍伐吳，自鍾離南下，與吳軍戰於皋舟之隘（在今安徽合肥），楚軍大敗，公子貞自殺。楚康王深受刺激，吳楚乃有十餘年安靜。（參看附圖其七）

周靈王二十四年（前五四八年），楚令尹屈建伐舒鳩（今安徽舒城縣附近），因其叛楚從吳，在離城（舒城西北）與吳軍戰。吳軍陷入楚軍之伏陣，吳軍大敗，楚滅舒鳩。（參看附圖其八）

是年十二月，吳王諸樊復率兵伐楚至巢邑，楚將午臣設「空城計」，吳王中箭，回營而死。次年（前五四七年）夏，楚得秦軍助共伐吳，未果而回師侵鄭。（參看附圖其九）

三年後，吳王餘祭帥水師伐楚，不意檢閱舟師時，突為越之俘虜所刺而死，伐楚暫罷。

周景王七年（前五三八年），齊國亂臣慶封奔吳，吳以朱方（今江蘇鎮江丹徒鎮）安其族。時楚靈王會侯於申（今河南南陽），會後帥聯軍伐吳，執慶封，盡滅其族。吳以諸侯聯軍聲勢壯大，不戰，聯軍亦回。（參看附圖其十）

是年冬，吳為報朱方之恥，伐楚之三個邊城，楚不耐吳軍煩擾，乃令薳啟疆築巢城、然丹築州來城，為楚以大軍築城防吳之開始。（參看附圖其十一）

周景王八年（前五三七），楚召集蔡、陳、許、頓、沈、徐、越諸侯軍，大舉伐吳。雙方戰於鵲岸（今安徽舒城西北），楚越之師大敗。（參看附圖其十三）

時楚靈王帥軍馳援，因吳有備，未戰。次年（前五三六年）九月，楚使薳洩伐徐以威脅吳，楚令伊薳罷率大軍援攻徐。吳楚兩軍戰於房鍾（今安徽蒙城縣），楚軍敗，楚王殺薳洩。楚因歷次失利，轉取守勢，吳楚又有數年平靜。（參看附圖其十二、十三）

周景王十六年（前五二九年），楚令尹公子棄疾弒靈王自立，是為楚平王。吳乘其內亂出兵圍州來，平王以民心未固不戰。翌年四月，平王使然丹、薳罷、令尹陽匄、周馬公子魴率水師大軍伐吳，戰於長岸（今當塗縣西江中），楚軍先勝後敗。（參看附圖其十四）

周景王二十三年（前五二二年），伍子胥奔吳，王僚未加重用，他發現公子光有「內志」，他計畫要做一件「政治豪賭」。配合公子光刺殺王僚。次年（前五二一年）十月，吳伐齊，被齊軍擊敗於鴻口（今河南商邱東南），吳喪二帥，因之亦疲於戰，六十年戰爭始得一時期之平靜，雙方仍在積極備戰中。

## 吳楚戰爭第二階段：雞父之戰

雞父之戰在周敬王元年（楚平王十年、吳王僚八年，前五一九年），主持此一戰役者，吳方是王僚和公子光，楚方為代令伊薳越。吳軍勝，楚軍敗，上距長岸之戰，已有九年。

雞父位於大別山之西北麓，在今河南省固始縣之南境，為楚國軍事基地之重鎮，四週有十餘小國。楚控其域，對吳進可戰退可守；吳奪其域，即可掌控週邊小國，進入大別山，為破楚入郢之起點。故雞父之戰乃戰略要域之爭奪戰，吳楚戰爭之關鍵戰役也。

周敬王元年，吳以淮河流域尚為楚所蟠據，吳王僚率公子光興兵攻州來，楚平王聞知，召頓（河南商城南）、胡（安徽阜陽西北）、沈（河南沈邱）、蔡（河南新蔡）、許（河南葉縣）、陳（河南淮陽）六國之軍，是年秋七月會於雞父，準備伐吳救州來。

時楚令伊陽匄在病中，疾馳赴雞父，途中病劇乃令司馬薳越代攝帥職，率諸侯軍前進州來，吳公子光見楚聯軍壯大，自動從州來徹軍，集中兵力於鍾離，以待楚軍。

楚令伊陽匄適於是時病歿軍次，代帥薳越資淺，不能指揮諸侯軍，相率退回雞父。吳公子光見戰機有利，建議王僚採包圍戰，殲滅楚聯軍。

是役，吳軍以一國戰七國聯軍，採奇襲、包圍，全以出奇制勝，獲得全面勝利，是後楚之國勢益弱而不振，其右司馬沈伊戍嘆曰：「亡郢之始，在於此矣！」（雞父之戰見後兩圖）。

## 吳楚戰爭第三階段，吳破楚入郢之戰（參看後圖）

吳破楚入郢之戰，在周敬王十四年（楚昭王十年、吳闔閭九年，前五〇六年），上距雞父之戰十三年，主持此一戰役者，吳方為吳王闔閭，以孫武為主將，伍子胥和伯嚭為副將；楚方為令尹囊瓦和沈伊戌。結果，楚軍大敗，楚昭王西逃，伍子胥和伯嚭掘開楚平王墓，鞭屍三百，以報殺父兄祖之仇。

### 戰前一般狀況與兩國政情

周敬王四年（前五一六年）九月，楚平王卒，子軫嗣立，是為楚昭王，次年夏四月，吳公子光用伍子胥計弒王而自立，是為吳王闔閭，吳楚同時更立新君，而戰略態勢大異，楚昭王年幼而其令伊囊貪婪不仁，內政紊亂，諸侯離心；而吳王闔閭英明，重用人才，國富兵強。

吳王採孫武、伍子胥之計策，後闔閭三年（前五一二年）開始，「三分敝楚」長期消耗戰略，迭次分兵攻楚，到前五〇六年，無歲不有吳師伐楚。至是楚國確已被吳國擾亂消耗，達於精疲力竭之情境，前五〇六年冬的「決戰郢城」，是吳國近百年計畫滅楚

的最後收尾，以下試看兩軍作戰構想：（注五）

**吳軍之作戰構想：**吳軍此次大舉伐楚，其作戰構想，將吳軍分為南北兩路，主力軍在南路，由潛（今安徽省霍山縣東北），越過今皖鄂交界之青苔關、松子關，行崇山密林無人之地，經柏子山（今湖北省麻城縣東北）、舉水（麻城南）向漢水地區前進。此道為齊桓公在周襄王九年，西元前六四三年，與徐伐英氏時經由之道。北路為一部軍，自淮汭（當在今安徽省霍邱縣附近）捨舟從陸，先行救蔡，會同蔡國之軍，迅速越過無人之地大隧（今河南省信陽縣南與湖北省交界之大勝關），直轅（今武勝關），冥阨（今平靖關）三隘口，再會唐侯之軍向漢水地區前進，在雍澨（今湖北省京山縣北）與主力會合，以與楚軍在漢水兩岸進行決戰，後進入楚之郢都。

**楚軍之作戰構想：**楚令伊囊瓦在圍蔡中，聞吳國發兵救蔡，乃解圍而歸。又聞吳軍捨舟於淮汭登陸，將疾趨三益口而下漢，乃與左司馬沈伊戌謀議：彼自率之主力軍在漢水西岸暫取守勢；使左司馬戌悉起方城（今河南省方城縣）之兵（楚經常在方城、城父、葉邑駐有重兵，以防衛其北疆境界），疾趨淮汭，毀吳之舟後還塞大隧、直轅、冥阨三隘口而下擊吳軍之背。然後囊瓦以主力軍渡漢水南北夾擊吳軍。

吳於是以五戰皆捷之威，於十一月二十九日長驅入郢，楚昭王溯江西逃，吳追兵未獲而還。拿下郢城後，吳王君臣開始享受戰果，「君居其君之寢，妻其君之妻；大夫居其大夫之寢，而妻其大夫之妻。」而伍胥、伯嚭則忙於報仇，掘平王屍，鞭之三百。

當吳君臣貪戀楚之宮室妻妾與財寶，久而不歸，亦不聽孫武建議立公子建之子勝為新楚王，建吳楚和平架構。次年，秦楚聯軍攻來，越王允常乘吳都空虛，舉兵進入吳境，吳王闔閭只得引兵回國，楚昭王復回於郢。

## 參、戰略轉移附作用（二）：開啟吳越大戰

秦楚聯軍攻來之際，越國軍隊正偷襲吳都，吳王急忙撤軍回國，另一說法是吳王弟夫概先回國自立為王，又勾結越王允常為外援。闔閭引兵回國攻夫概軍，夫概敗逃降於楚，吳越兩軍遂於石門關（今浙江崇德縣北）、固陵（越北界之築城）間對壘。

吳越之間會成為死對頭，頂層的國際大戰略影響深遠，從晉國霸業之「聯吳制楚」，楚不得已只好「聯越制吳」。這種戰略相信當時的高人（伍員、范蠡、文種在商討「要去哪裡？」范蠡說「不入仇邦、忌反攻祖國」，他們選擇投奔越國，因「越親於楚」，在范蠡和文種心中，楚雖黑暗仍是「祖國」，吳雖富強卻是「仇邦」，只有投奔越國，公私兩利。

吳伐楚入郢之際，范蠡、文種已到越國四年，偷襲吳都必有他倆點子，應該是為了點燃吳越戰火，郢城戰後，國際關係和局面出現巨變，原來晉吳夾攻楚，一變而為楚越夾攻吳，這正是范蠡和文種之所要，他們大顯身手的機會之火已點燃了！

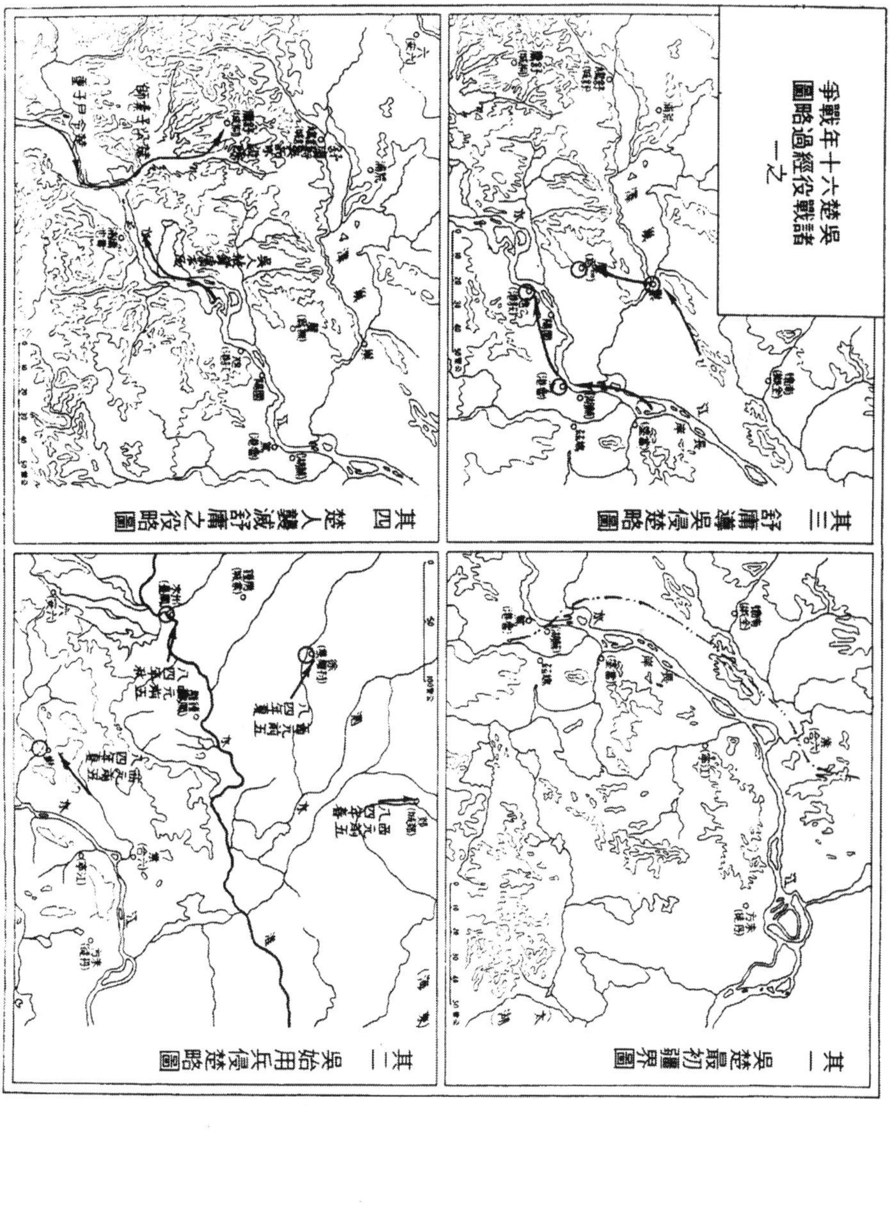
吳楚十六年戰爭諸戰役經過略圖之一
其一 吳楚最初疆界圖
其二 吳始用兵侵楚略圖
其三 舒庸導吳侵楚略圖
其四 楚人襲滅舒庸之役略圖

附圖二三五
吳楚十六年戰爭諸戰役經過略圖之二
其五 吳楚衡山之役略圖
其六 吳楚庸浦之戰略圖
其七 吳破楚軍於皐舟之隘略圖
其八 楚滅舒鳩之戰略圖

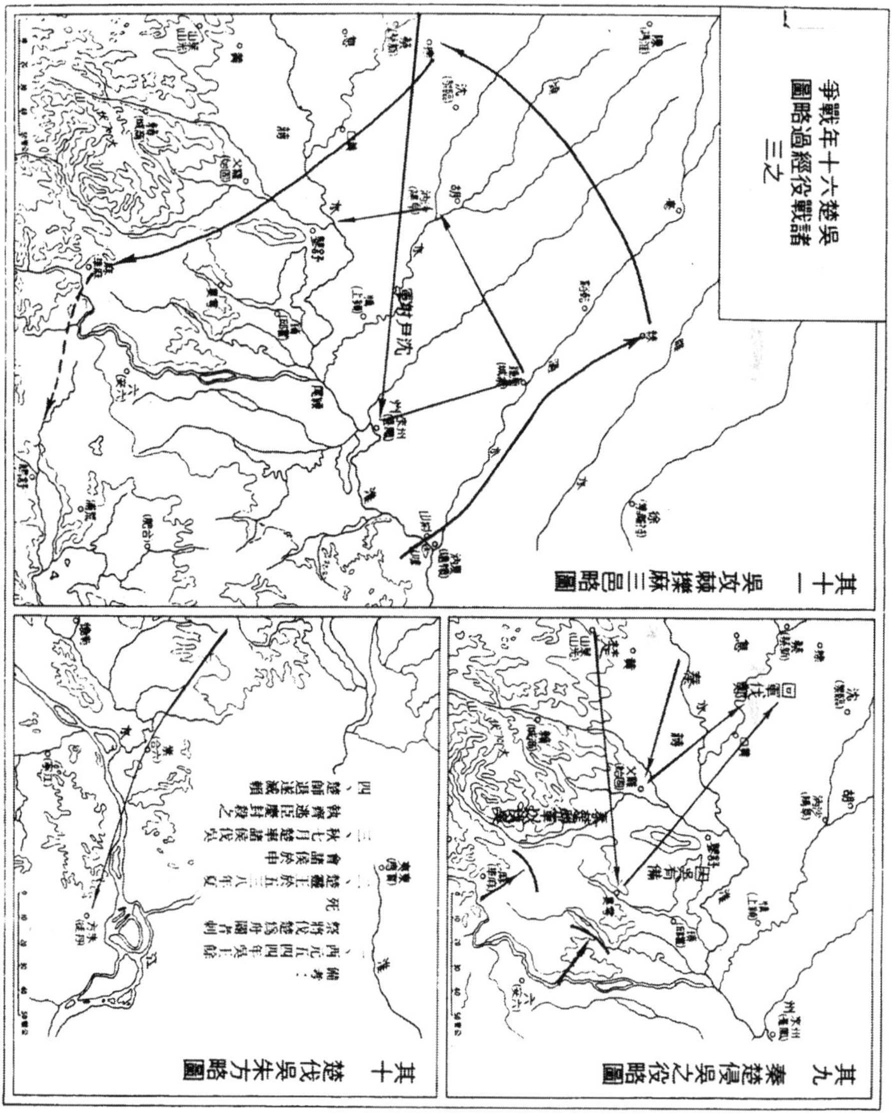
吳楚六十年戰爭諸戰役經過略圖之三
其十一 吳攻棘櫟麻三邑略圖
其九 秦楚侵吳之役略圖
其十 楚伐吳朱方略圖

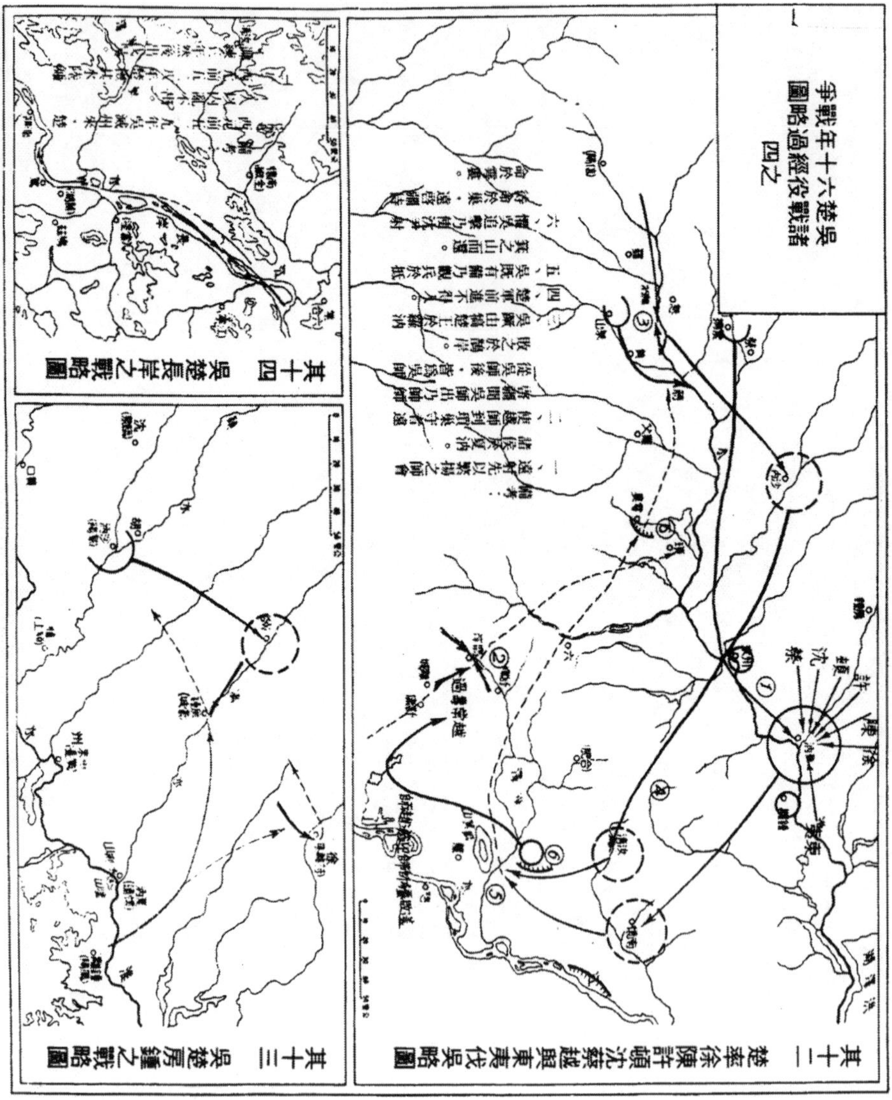
吳楚六十年戰爭諸戰役經過略圖
之四
其十二 楚率徐陳許頓沈蔡越與東夷伐吳略圖
其十三 吳楚房鍾之戰略圖
其十四 吳楚長岸之戰略圖

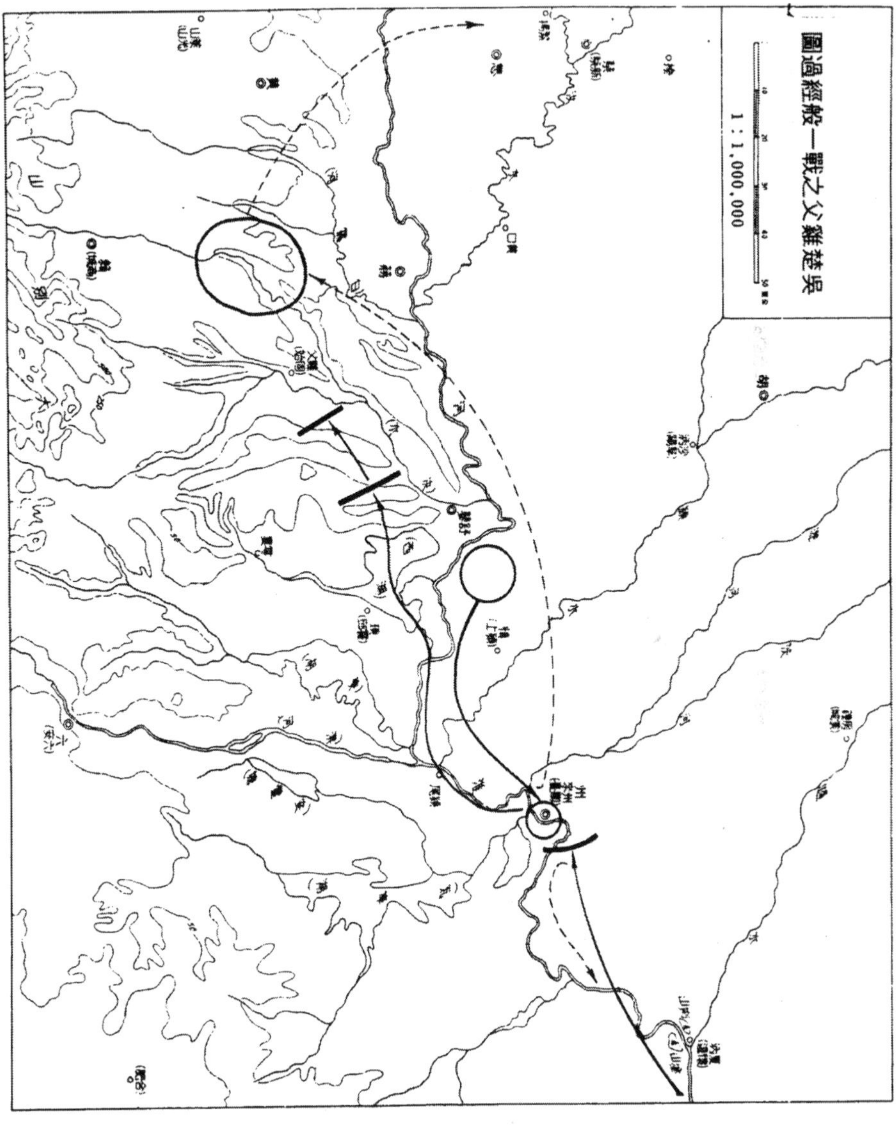
吳楚雞父之戰一般經過圖
1：1,000,000

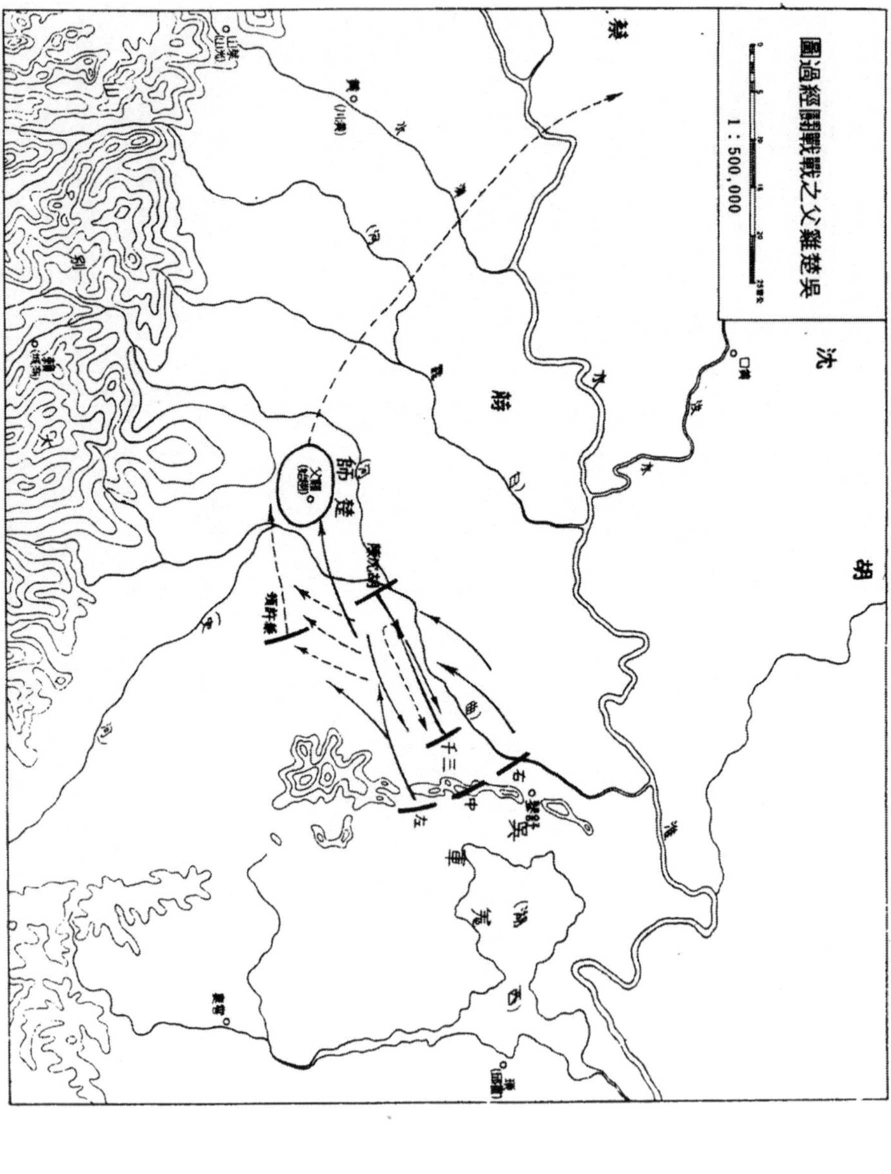
吳楚雞父之戰戰鬥經過圖
1 : 500,000

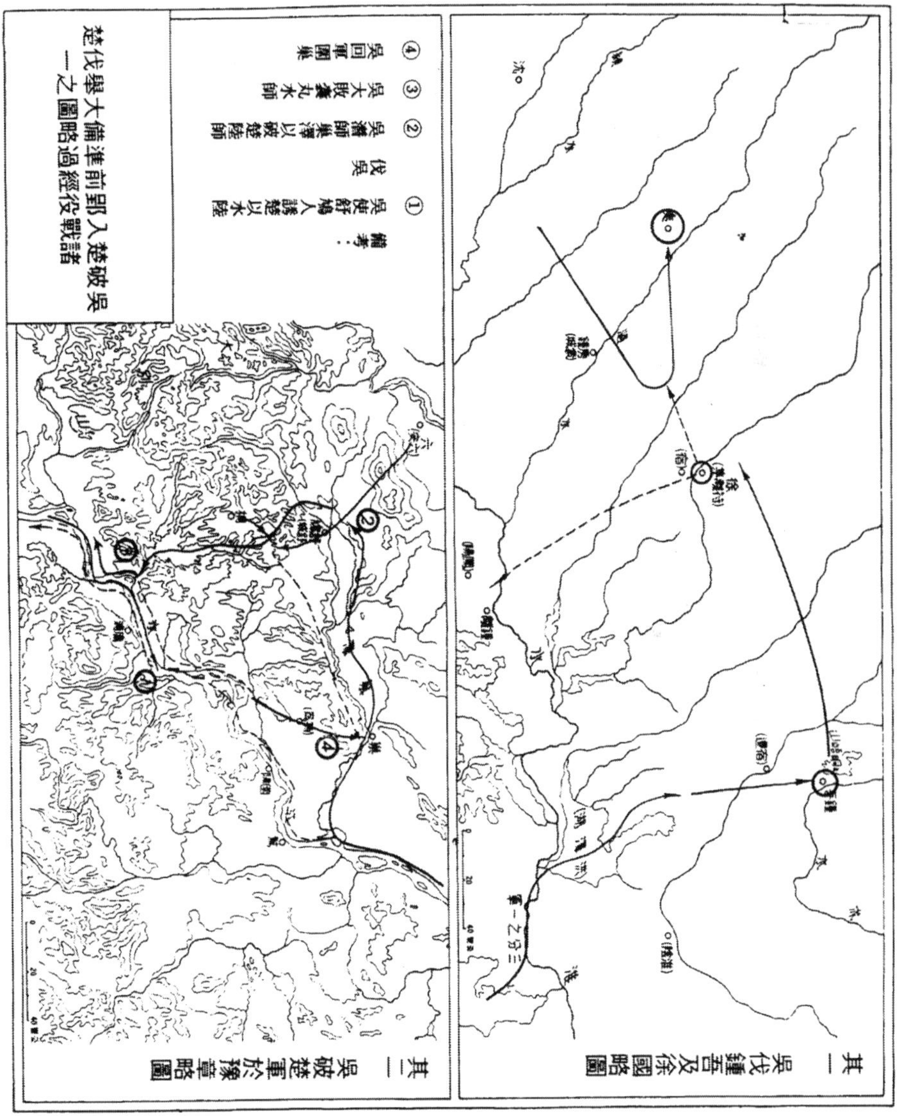
吳破楚入郢前準備大舉伐楚
諸戰役經過略圖之一
備考：
① 吳使舒鳩人誘楚以水陸伐吳
② 吳潛師巢澤以破楚陸師
③ 吳大敗囊丸水師
④ 吳回軍圍巢
其一 吳伐鍾吾及徐國略圖
其二 吳破楚軍於豫章略圖

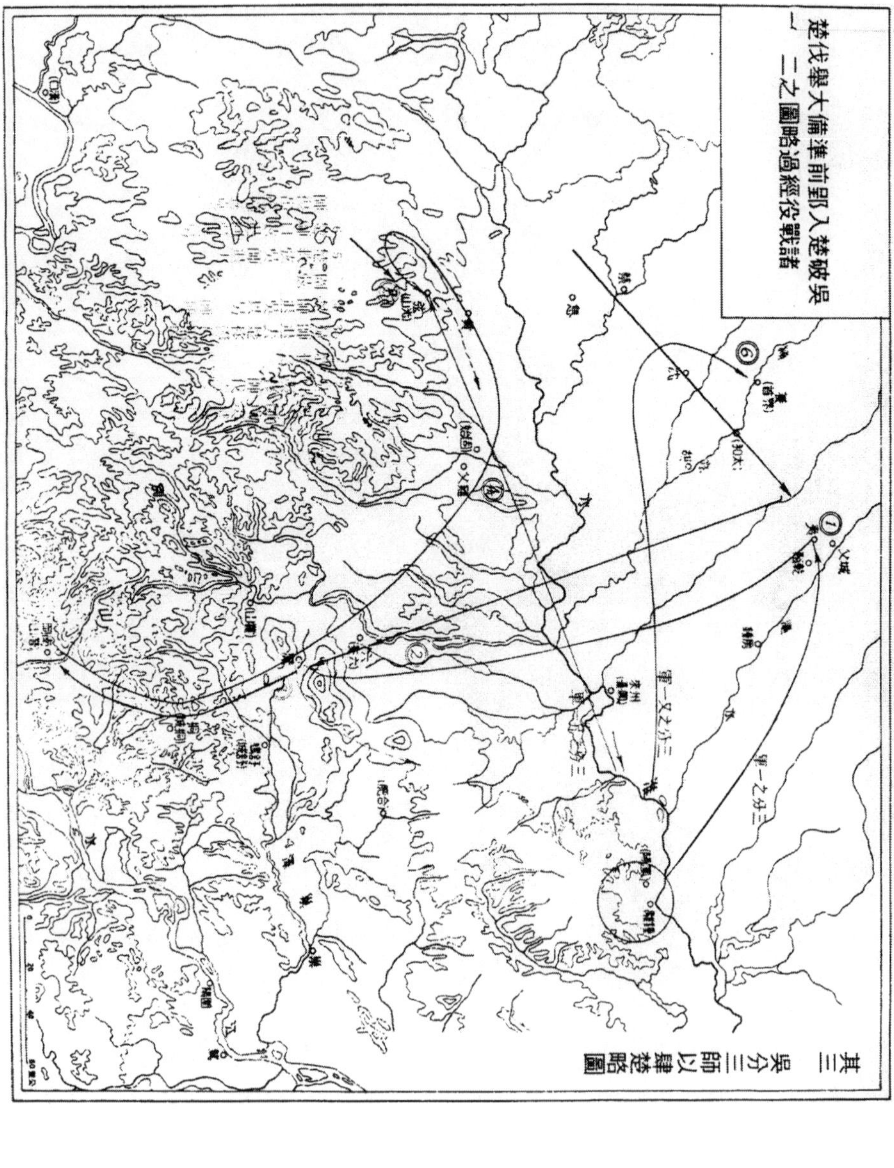
吳破楚入郢前準備大舉伐楚
諸戰役經過略圖之二
其三
吳分三師以肆楚略圖

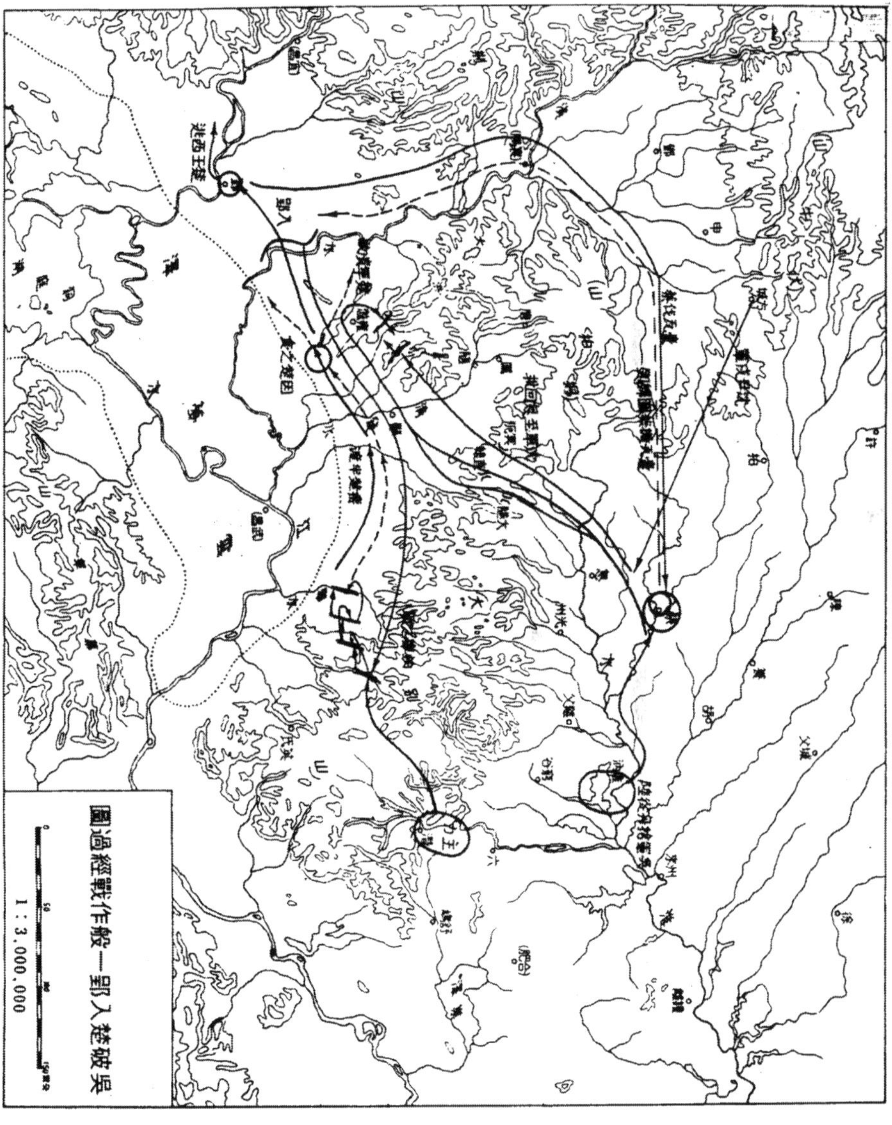
吳破楚入郢一般作戰經過圖
1：3,000,000

## 注　釋：

注一：張金鑑，《中國政治制度史》（台北：三民書局，民國六十二年九月四版），頁二六－二七。

注二：《中國歷代戰爭史》，第一冊（台北：黎明文化事業公司，民國六十九年四月），頁一〇七－一〇八。

注三：九合諸侯，兵車之會三，乘車之會三。見陳致平，《中華通史》第一冊（台北：黎明文化事業公司，民國七十五年十二月），頁三一五。

注四：同注三，頁三一〇。

注五：《中國歷代戰爭史》第二冊（台北：黎明文化事業公司，民國六十五年十月），頁四四－四五。本章作戰圖均以第二冊為主。

# 第二篇
# 吳越戰爭經過與范蠡的角色

漢墓刻石畫專諸刺王僚圖

# 第四章 吳越戰前一般情勢與范蠡的關係

這章略說吳越戰前一般情勢與范蠡的關係，這段時間是范蠡、文種奔越的前十四年。從周敬王十年（前五一〇年），到周敬王二十四年（前四九六年）越王允常卒為止，歷史記載不多。只提到「范蠡文種相偕赴越。越王允常皆用為大夫，一切計謀咸聽從之。」到了勾踐更一切全聽范蠡之計，「范蠡長於治軍旅，富韜略，出奇謀。吳越之戰，越王勾踐之一切計劃皆出自范蠡。」（注一）

如是，這十四年的吳越戰前情勢大局，不僅和范蠡有關係，由他在越王支持下計劃並推動。尤其乘吳軍在郢，國內空虛，進攻吳都，大掠而還，這是一種擾亂戰，也是一種試探。

## 壹、吳伐越、檇李之戰、兩王卒

周敬王二十四年（前四九六年）五月，越王允常卒，子勾踐新立。吳王闔閭乘喪伐之，雙方戰於檇李（今浙江省嘉興縣西南七十里），結果吳軍卻大敗。吳王闔閭負傷，且傷重而亡，原本吳軍聲勢陣容很強，為何大敗？《史記》〈吳太伯世家〉曰：

十九年夏，吳伐越，越王勾踐迎擊之檇李，越使死士挑戰，三行造吳師，呼，自到。吳師觀之，越因伐吳，姑蘇，傷吳王闔閭指，軍卻七里。吳王病傷而死，闔閭使立太子夫差，謂曰：「爾而忘勾踐殺汝父乎？」（注二）

《史記》「集解」引《左傳》說明，「越子大敗之，靈姑浮以戈擊闔廬，闔廬傷將指，還，卒於陘，去檇李七里。」靈姑浮，越大夫也。另在〈越王勾踐世家〉曰：

元年，吳王闔閭聞允常死，乃興師伐越，越王勾踐使死士挑戰，三行，至吳陣，

呼而自剄，吳師觀之，越因襲擊吳師，吳師敗於檇李，射傷吳王闔閭，闔閭且死，告其子夫差曰：「必毋志越。」（注三）

此事《左傳》亦記述之，吳王闔閭乘越王允常之喪而伐之，越新王勾踐出師戰於檇李，勾踐患吳軍陣勢嚴整不可犯，乃使死士衝陣，一波被擒，再波繼之，而吳陣勢不為所動。勾踐再使罪人當死者，列為三行，各負劍注於頸，行至吳軍陣前說：「今越吳二君治兵，臣等奸犯旗鼓之令，不敏於君之行前，不敢自逃刑戮，敢自歸死於吳。」遂各自刎。吳師爭視之，不覺陣亂；勾踐乃發起攻擊，大敗吳師，吳王闔閭被越大夫靈姑浮射傷足，退軍七里，到陘這地方傷重而死。

越軍這個「鬼點子」何人能設計？勾踐新立，恐無此能耐，而范蠡「富韜略、出奇謀」。檇李之戰，能設此種擾亂吳軍的「毒計」，捨范蠡而誰能？

闔閭冢在吳縣昌門外，名

虎丘之古蹟

虎丘在江蘇吳縣（蘇州）西北閶門外三公里，相傳爲吳王闔廬葬處。山不甚高，而風景幽秀，遠望之，如平田中一大阜。山上有劍池，池旁有泉石之勝，登眺則城邑川原，瞭如指掌。邢昉虎丘寺詩云：「玲瓏山翠幾沾衣，夏木千章總十圍。」（註十五）爲東南著名勝境之一。

曰虎丘，因有白虎居其上，如今也是重要觀光景點，他父子使用的兵器也已出土（見前篇圖），景點和寶劍目前都為崛起的中國拼經濟。

## 貳、中原與吳越楚關係

吳越戰爭的開啟，雖也有久遠、複雜關係，大戰略架構下的附作用通常是多元的。但就吳越戰爭的近因，不外是吳伐楚入郢時，越襲吳都，加上「檇李之戰」，吳王傷卒，使兩國怨仇結得更深。

周敬王十六年（前五〇四年）春，楚為報吳入郢破國之根，大起舟師伐吳，為吳王太子終纍（夫差之兄）所敗。楚舟師指揮官潘子臣、小惟子及大夫七人，皆被吳所俘。同時，楚將子期所率陸軍，又在繁陽（今河南新察縣北）打了大敗仗。楚國上下大懼，而遷都於鄀（今湖北省自忠縣）。

在中原方面，晉於定公、出公、哀公後已是亂局，無力對外爭霸。中原各國亦然，春秋末葉已是戰國局面。然楚國卻已不想北進，實質上回到齊桓公以前形勢，各國諸侯與大夫自相併吞混戰。

如此的國際局面，「有利」於吳越戰爭的開打。楚對吳減少了安全顧慮和壓力，吳可以全力攻越，而吳越都是新興，又是新領導剛上台，雙方都有堅強的戰鬥意志，都是想要稱霸一方。

經濟因素也是重要原因，吳越地理相鄰，三江五湖之利關係國家命脈，成為吳越的「零和遊戲」，兩雄不並立，遂使戰爭成為必然。

## 參、吳越政情與國勢

吳國：吳國自破楚入郢之後，威震中原。原在淮北之楚地，皆已囊括而有之。此時吳之執政者，仍為伍子胥。子胥為鞏固與擴大吳國之霸業，其首一目標，即為澈底消滅越國，根除後患；然後進而稱霸中原。檇李之戰，即為此一政策之開始。不幸闔廬於此役傷重身死。嗣王夫差年幼好勝，又以伯嚭乘勢欲與伍子胥爭權，在以後吳越夫椒戰爭後，伯嚭夫差納越之降，使子胥滅越之策失敗，遂產生以後越興吳滅之結果。

越國：越與吳皆為「斷髮文身」之族。越去中原較遠，故其文化更為落後。自與吳楚接觸後，間接接受中原之文化，其最主要者，即為使用鐵鑄之生產工具，發展航業，因之交通貿易逐漸發達，人口亦日漸繁衍；加以越君允常幹練有為，故遂能形成一個大國。越國因其勢力之日漸膨脹，遂頻與吳國發生衝突。此項衝突，在吳王壽夢時代業已開始。如吳王夷末閱舟師時為越俘所刺，則可見在夷末時代，吳越已有戰爭。又自楚國勢力東進達於淮河流域時，晉景公聯結吳國以制楚。楚為牽制吳國計，乃進而南聯越國，因之吳越之衝突日增。在允常末年，越得范蠡、文種（皆楚人）之輔佐，於是國力漸強，成為吳國之大敵。及至勾踐嗣位，以其年富力強與刻苦奮鬥之本質，並其勤奮耐勞之新興越族，遂形成與吳作決死鬥爭之敵國矣。

## 肆、吳越爭霸方略

吳國爭霸方略：吳國之爭霸方略，前已言之。在破楚入郢以後，依伍子胥之決策，為先滅越，然後進霸中原。及闔廬卒，夫差懷報仇雪恥之志，仍繼續執行此種決策。但夫椒一戰勝越，遂破會稽。以越王勾踐忍辱含垢之屈服，與伯嚭開始利用機會奪取伍子胥之政權，竟未能澈底執行滅越之決策而與越和。夫差年幼好勝，馳騖遠功，自越服後，即急急從事北進，企圖爭奪中原之霸權。因此乃予越以可乘之機，遂為後越滅吳之肇端。

越國爭霸方略：越國處於吳國之南方。越欲北進中原，必須先併滅吳國。然越之國力，實遠不如吳，必須堅忍奮鬥，徐徐圖之。故勾踐范蠡文種之建國決策，實以堅忍奮鬥為其中心思想。綜其前後事跡，概有以下之各點：

㈠卑躬屈膝以事吳，使吳王益驕不為戒備。

㈡助長吳王自尊好勝與好高騖遠之心，使其北爭中原。

㈢利用伍子胥與伯嚭之矛盾，借伯嚭之力以去子胥。

㈣連齊晉而親楚，以贏得國際上之優勢，使吳疲於奔命。

㈤乘敵空國遠出及天災困擾時而襲擊之。（注四）

綜觀越之國策，可謂是長期「國家發展戰略」，勾踐行之二十年未曾懈怠。最重要越國上下一心，沒有政治內鬨，君臣對國家目標有高度共識；反觀吳國，政治內鬥始終不停，君臣對國家目標始沒有共識。

古今中外許多戰爭原因都很複雜，所謂「積雪三日非一日之寒」。例如中日戰爭，導至戰爭的原因要推到何時？日本在豐臣秀吉時代已製訂了「滅亡中國」之國策，代代行之，他們叫「統一日中朝」成一「大日本帝國」，也就是必須消滅中國和朝鮮，全部版圖合併成日本國，一次次的失敗，一回回、一代代的幹下去。（注五）

吳越兩國結怨，始於越王允常和吳王餘祭時，按《春秋》和《左傳》記載，周景王八年（前五三七年），楚靈王為報復前一年（前五三八年），吳人大舉伐楚，入侵棘（今河南永城縣南）、櫟（今河南新蔡縣北）、麻（今六安西南之麻埠）之役。是年冬十月，楚會周察、陳、許、頓、沈 等諸侯之師，共同伐吳，而越派大夫常壽過率軍，與楚靈王會於瑣地（今安徽省霍丘縣東），之後兩國又有更多結怨事件，都使「樑子」越結越深。

在吳越戰爭開打前的十四年，范蠡在越國的角色是大夫，對吳作戰之方略、奇謀與建軍備戰工作，大致是范蠡在幕後策劃，並未走到台前。善出奇謀之兵家，素知「如雞伏卵、如爐煉丹」、「藏於九地、動於九天」之法則。

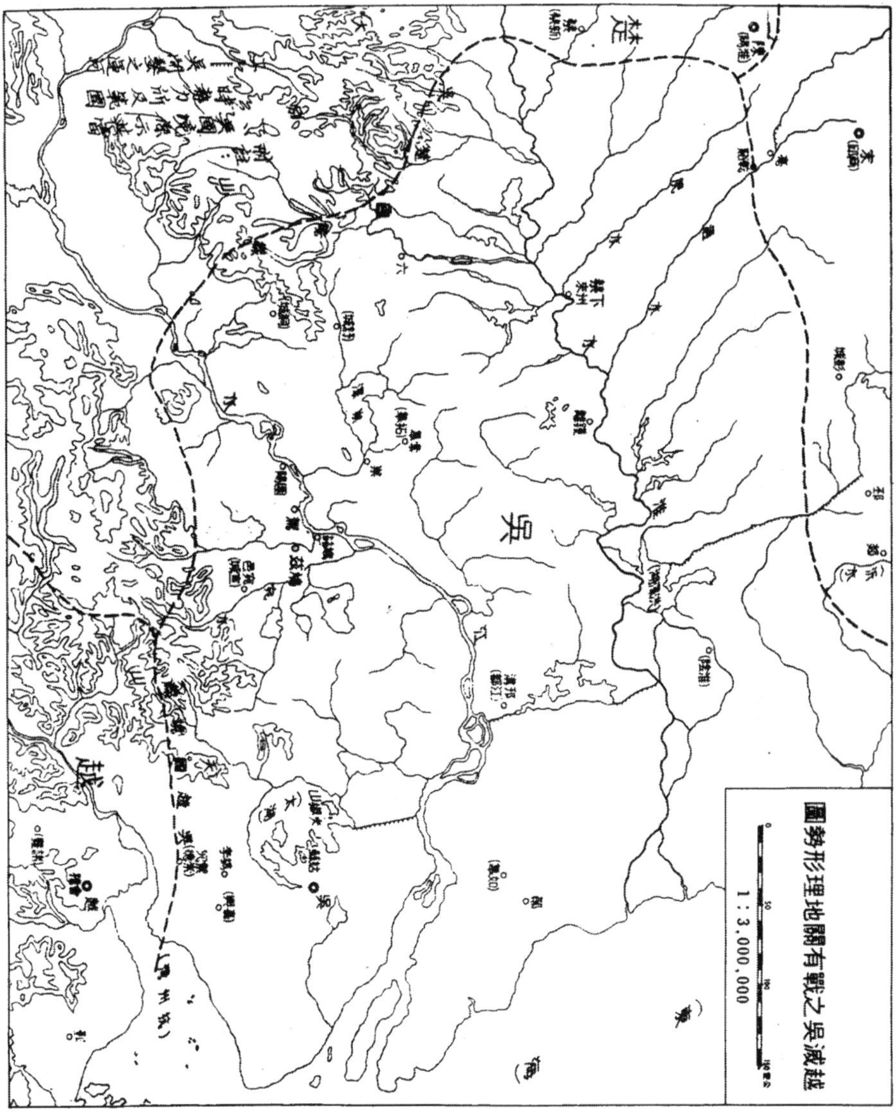
越滅吳之戰有關地理形勢圖
1 : 3,000,000

**注　釋：**

注一：《中國歷代戰爭史》第二冊（台北：黎明文化事業公司，民國六十五年十月），頁五六。

注二：漢・司馬遷，《史記》（台北：宏業書局，民國七十九年十月十五日），頁一四六八。

注三：同注二，頁一七三九－一七四〇。

注四：同注一，頁五七。

注五：陳福成，《日本問題終極處理》（台北：文史哲出版社，二〇一三年七月）。

# 第五章　第一階段作戰

## ——慘敗、人質，范蠡定興越之策

吳越第一階段作戰，是越王勾踐自以為戰機成熟，想要先發制人，主動先期發起對吳作戰，但范蠡知道戰機未到，苦勸勾踐不要出兵，勾踐不聽，落得慘敗，老命險些不保，靠范蠡之計，先求降，還到吳國當了三才「奴才」，吃了吳王大便。回國後按范蠡所訂「興國之計」，生聚教訓，打下未來復仇、滅吳的基礎。

### 壹、夫椒慘敗，范蠡力主投降以徐圖後計

檇李之戰，吳王闔閭傷重致死，臨終前遺囑兒子嗣王夫差：「必勿忘越！」因此夫差遵循老父方略，以報仇雪恥為志，他叫人在他寢宮門口每日問：「夫差，你忘了殺父

之仇沒？」他自答：「不敢忘！」如此建軍練兵以圖伐越，復仇雪恨的過了二年。

周敬王二十六年（吳夫差二年、越勾踐二年、前四九四年）春，越王勾踐得知吳王夫差日夜練兵，準備伐越。勾踐欲以先發制人之計伐吳，范蠡以為不可，戰機尚未成熟，苦勸勾踐暫勿興兵。勾踐說：「我心意已決！」遂興兵入吳，以舟師直趨震澤（太湖）。吳王聞越來伐，即悉起舟師迎戰，大破越軍於夫椒（今江蘇省蘇州市西南、今夫山、椒山），再追擊越王到會稽（越都城、今浙江紹興），破會稽城，越王勾踐以所餘甲楯五千人，退保會稽山，吳軍又進圍之。《史記》〈勾踐越王世家〉曰：

范蠡諫曰：「不可。臣聞兵者凶器也，戰者逆德也，爭者事之末也。陰謀逆德，好用凶器，試身於所末，上帝禁之，行者不利。」（注一）

勾踐不聽范蠡諫言，落得國都陷落敵軍，又被圍困。到了這個生死關頭，他才要「不恥下問」范蠡說：「當初不聽你的忠言，現在怎麼辦？」

蠡對曰：「持盈者與天，定傾者與人，節事者與地。卑辭厚禮以遺之，不許，而身與之市。」勾踐曰：「諾。」乃令大夫種行成於吳，膝行頓首曰：「君王亡臣勾踐使陪臣種敢告下執事：勾踐請為臣，妻為妾。」吳王將許之，子胥言於吳王曰：「天以越賜吳，勿許也。」種還，以報勾踐。勾踐欲殺妻，燔寶器，觸戰以死，種止勾踐曰：「夫吳太宰嚭貪，可誘以利，請閒行言之。」（注二）

范蠡「教訓」勾踐那段話意思說，持滿不溢，與天道同，天道自然讓他有所獲得；人道崇尚謙卑，人主謙卑有定傾之功，自然有人可用；時機不到，不可勉強生出；事不到成熟，不可勉強去完成。越王身往事之，如市賈貨易以利，這才是維護安全之道。

范蠡不愧是商學院高材生（計然之高徒），解除危難，確保安全之道，竟和做生意差不多「如市賈貨易以利」，難怪他後來被尊為「商聖、財神」。（注三）想要對吳王

「誘之以利」，「勾踐請為臣、妻為妾」。范蠡知夫差好勝，馳騖遠功，及子胥伯嚭矛盾；又力已不敵，國家危亡，力主投降以徐圖後計，勾踐到這生死關頭，才願意聽話，依范蠡之策「卑辭尊禮，玩好女樂，尊之以名，委管鑰，屬國家，以身隨之。」勾踐從之，派文種求和於吳，文種至吳軍以「利」說夫差：

> ……願以金玉子女賂君之辱。請以勾踐之女，女於王；大夫女，女於大夫；士女，女於士；越國之寶器盡從。寡君率越國眾，以從君之師徒，唯君左右之。若以越國之罪為不可赦，越將焚宗廟，繫妻孥，沉金玉於江，有帶甲五千，將以致死；乃必有偶，無乃即傷君王之所愛乎？與其殺是人也，寧得此國。有帶甲萬人以事君也，其孰利乎？」

原來范蠡所出示夫差之「利」，非止夫差一人獲利，可謂全體官員都獲利，金銀財寶女人，若吳不接受，越將和吳「同歸於盡」，五千敢死隊也能對吳國軍隊造成大傷害。夫差心動了，只有伍子胥說出身為一個忠臣的真話，不同意和解。

……勾踐能親而務施，施不失人，親不棄勞。與我同壤，而世為仇讎。是以吳之與越，讎敵相戰之國也。三江環之，民無所移，有吳則無越，有越則無吳，將不可致於是矣。臣聞之，陸人居陸，水人居水；夫中原之土，我攻而勝之，吾不能居其地，不能乘其車。夫越國吾攻而勝之，吾能居其地，吾能乘其舟，此其利也，不可失也，君必滅之！失此利也，雖悔之必無及。於是乎克而弗取，將又存之，是違天而長寇仇也；姬（吳王之姓）之衰也，日可俟也。介在蠻夷，而長寇仇，以是求霸，必不行矣！（注四）

伍胥之見不僅忠言、真話，也很有國際觀，吳須先滅越，根絕後患，再進而爭霸中原。文種第一次求和未成，第二次先設法買通伯嚭。

於是勾踐乃以美女與寶器，令文種陰謁伯嚭。曰「子苟赦越國之罪，越願委管籥（倉庫之鎖鑰），屬國家，越王身隨大王左右，又有美女與寶器將進之。」伯嚭以知夫差志切爭霸中原，又貪其賂，乃偕文種而進言於夫差曰：「嚭聞古之伐國者，服之而已。今越已服，且願委管籥，屬國家，其王身隨大王左右，是已名存實滅之矣，又何求焉？」文種又再以前說吳王之言說之，夫差遂允許越和而退兵。

當子胥知道，欲爭已來不及，退而對人說：「越十生生聚，十年教訓，二十年之外，吳其為沼乎？」自此，伍子胥和伯嚭的爭鬥搬上台面，夫差不納子胥之言，權力自然不在子胥手上，伯嚭已謀子胥之柄，吳之衰亡，已伏於此；越滅吳之機，亦伏於此。

## 貳、勾踐、范蠡在吳國當了三年奴僕

用國王自已到敵國當人質，古今中外未有之奇謀，范蠡果然是神奇得很，越降吳之約既成，夫差率吳軍退去。勾踐下會稽山，先安撫其國民說：「寡人不知力之不足，而又與大國結仇，以暴露百姓之骨於中野，此寡人之罪也，寡人請更（改過自新之意）。」於是「葬死者，問傷者，養生者，弔有憂，賀有喜，送往者，迎來者；去民之所惡，補民之不足。」然後留文種守國，自與范蠡，諸稽郢等三百人，入吳為臣僕於吳王。

勾踐范蠡及美女僕役等一行，是周敬王二十六年（前四九四年）六月，交待文種守國，到吳國向夫差報到。至周敬王二十九年（前四九一年）正月，始獲釋回頭，在吳國過了三年苦日子，三年很長，勾踐與其妻，一度做了吳王的臣妾。國語稱：「勾踐身親為夫差前馬。」前馬意即「前馬後車」，一作先馬，或作洗馬，亦作馬洗，即馬前引導之人。（注五）吳王乘車出巡，勾踐搖旗吶喊，做了馬前卒，其恥甚矣。

除了勾踐夫妻、范蠡，還有西施，他們在吳國做了什麼？有很多想像空間。西施當然下工夫每天「纏」著夫差，勾踐答應老婆當夫差的妾，夫差必然也「睡」了她，范蠡在幹啥？想必他和孫武、伍員、伯嚭有不少「交手」機會。一代兵聖孫子為何也救不了夫差？歷史沒有清楚交待。但想必范蠡「近身研究」孫武，學到不少孫子兵法才是，這二人都是正宗兵法家。

夫差在闔閭墓側，築一石室，將勾踐夫婦貶入其中，去其衣冠，蓬首垢衣，專為夫差養馬、牽馬。忽一日，夫差召勾踐入見，勾踐跪伏於前，范蠡在後，夫差謂范蠡說：「寡人聞『哲婦不嫁破亡之家，名賢不官滅絕之國』今勾踐無道，國已將亡，子君臣並為奴僕，囚於一室，豈不鄙乎？寡人欲赦子之罪，子能改過自新，棄越歸吳，寡人必當重用。去憂患取富貴，子意如何？」時越王伏地流涕，惟恐范蠡之從吳也。只見范蠡稽首而對說：「臣聞『亡國之臣，不敢語政；敗軍之將，不敢語勇。』臣在越不忠不信，不能輔佐越王善，致得罪於大王，幸大王不即加誅，得君臣相保，入備掃除，出給趨走，臣願足矣。尚敢望富貴哉？」蠡曰：「謹如君命。」以上是《東周列國誌》一段情節。（注六）可見這范蠡智慧和情操，極不平凡，更絕的，他竟叫勾踐去吃夫差的大便，神鬼不知的奇謀就藏在大便裡。

原來吳王夫差生病了，勾踐叫范蠡卜其吉凶，卜成，對曰：「吳王不死，至已巳日當減，壬申日必痊癒。願大王請求問疾，尚得入見，因求其糞而嘗之，觀其顏色，再拜稱賀，言病起之期，至期若癒，必然心感大王。」勾踐垂淚言曰：「孤雖不肖，亦曾南面為君，奈何含污忍辱，為人嘗泄便乎？」蠡對曰：「昔紂因西伯於羑里，殺其子伯邑考，烹而餉之，西伯忍痛而食子肉，夫欲成大事者，不矜細行，吳王有婦人之仁，而無丈夫之決，已欲赦越，忽又中變，不如此，何以取其憐乎？」果然勾踐也照幹，大大的感動了夫差，這兩人真「不是人」！

有多次夫差確實要殺勾踐，因伍子胥分析的利害也對，都因伯嚭遊說進言，勾踐得以不死。終於等到夫差的「婦人之仁」，夫差親送越王出城。群臣皆捧觴餞行，惟子胥不至。夫差對勾踐說：「寡人赦君返國，君當念吳之恩，勿記吳之怨。」勾踐稽首曰：「大王哀臣孤窮，使得生還故國，當生生世世，竭力報效，蒼天在上，實鑒臣心，如若負吳，皇天不佑！」夫差曰：「君子一言為定，君其遂行，勉之、勉之！」，勾踐再拜跪伏，流涕滿面，有依戀不捨之狀，夫差親扶勾踐登車，范蠡執御，望南而去。時周敬王二十九年事也。

《東周列國誌》至少是「誌」，雖非完全合於真實，也不會偏離事實多少，勾踐能活下來，范蠡有大功。

## 參、范蠡定興越之策、勾踐臥薪嘗膽

勾踐終於獲得吳王「特赦」，回到自己的國家，他「苦身焦思，置膽於坐，坐臥即仰膽，飲食亦嘗膽也。曰：『女忘會稽之恥邪？』身自耕作，夫人自織，食不加肉，衣不重采，折節下賢人，厚遇賓客，振貧弔死，與百姓同其勞。」（注七）勾踐變了一個人，問計於范蠡，范蠡因陳興越之策。（注八）

㈠勸勾踐寬懷大度，胸襟豁達，以領導羣倫，以涵容人眾，以盡人力。即所謂「唯地能包萬物，不偏其事，不失其時，生萬物，容畜禽獸；然後受其名而兼其利。

美惡皆成，以養其生。」

㈡獎勵生產，充實國力，安民除害。即所謂「除民之害，以避天殃。田野開闢，府倉實，民眾殷；無曠其眾，以為亂階。」

㈢繁殖人口，以裕兵源。即所謂「同男女之功。」

㈣等待時機，乘瑕蹈隙，以謀吳國。即所謂「但時不至，不可強生；事不究，不可強成。自若以處，以度天下；待其來者而正之，因時之所宜而定之。……時將有反，事將有間，必有以知天地之恆制，乃可有天下之成利。事無間，時無反，則撫民保教以須（待也）之也。」

范蠡為勾踐策訂出「十年生聚、十年教訓」的二十年復國大計，此項「國家發展計畫書」並非只有原則口號，尚有很多「執行面」細節：

## 一、政治改革、建軍備戰：

勾踐採用范蠡之建議，從事整政治軍。范蠡之建議曰：「四封之內，百姓之事，三時之務，使人人勤事學業，不亂民功，不逆天時，五穀和熟，民司蕃滋，君臣上下交得其志，蠡實不如種也。四封之外，敵國之制，立斷之事，因陰陽之恆，順天地之常，柔而不屈，強而不剛。法虐之，行賞罰，因以為常。……戰勝而使敵不能報，取地而使敵不能奪，兵勝於外，福生於內，用力甚少，而名聲章明，種亦不如蠡也。」於是，勾踐以文種執政，范蠡治軍。而治軍又以紀律為主，因越人猶屬南方部落之習性，好勇鬥狠，各自為戰，紀律觀念不著；故「不欲匹夫之勇」，而要求「旅進旅退」，（即在一個號令之下，齊進齊退）。進則思賞，退則思刑，如此則有常賞。進不用命，退則無恥，如此則有常刑。」（勾踐戒士語）因之將散漫無紀各自為鬥之越族人民，凝為一體。

## 二、繁殖人口、以裕兵源：

令壯者無取老婦，老者無取壯妻。女子十七不嫁，其父母有罪。丈夫二十不娶，其父母有罪。有將分娩者以告，公醫守之。生丈夫，二壺酒一犬。生女子，二壺酒一豚。生三人，公與之乳母；生二人公與之口糧。當室者死，三年釋其政。支庶子死，三月釋其政（即使足三年三月之糧以舒其困）。令孤子、寡婦、疾病、貧苦者，納官以廩，教其子。

## 三、以實人才、收攬民心：

尊賢厚士，以實人才：「尊其達士，潔其館舍，美其衣服，飽其飲食，而磨厲之於義。四方之士來者，必廟而禮之。」

收攬人心；勾踐每出，必「載稻與魯於舟以行。國之孺子之遊者，無不餔也，無不歠也；必問其名。

勾踐既積極建設內政，同時為勵志報吳，而自身又刻苦自矢，臥薪嘗膽為之創。「身不安枕席，口不沾厚味，目不視靡曼，耳不聽鐘聲；歷年苦身勞力，焦脣乾肺。內親羣臣，下義百姓，以來其心。有甘脆不足分，弗敢食。有美酒流之於井，與民同之。身親耕而食，妻親織而衣。」苦心焦慮，專力致志，以報會稽降辱之恥。

綜觀檢視，范蠡定興越之策，不比現代許多國家差，想當然這不是范蠡一人幹得完成，文種負責文事，范蠡負責武備，以及有執行力的參謀群，在「繁殖人口、以裕兵源」項，很驚訝已有優生概念，「壯者無取老婦、老者無取壯妻」。而「生丈夫，二壺酒一犬；生女子，二壺酒一豚」，彰示男女平等觀。此處，意外讓我們知道，春秋時代「狗肉」是民生食用肉，如同豬肉一樣。

勾踐用范蠡之策，乃「臥薪嘗膽」。（注九）苦志力行，以貫澈興越之大業，君臣民同心同德，國力恢復很快，民心士氣團結而振奮，勾踐無時無刻不再找尋滅吳的機會，會稽之恥，質於吳為討夫差歡心還吃了他的大便，此恨難消！

范蠡在這個階段，開始從「後台」走上「前台」，成為大舞台上的主角。若無范蠡，勾踐至少已死了兩次，一在會稽山被吳軍殲滅，一在吳國當人質大概沒有機會活著回國。

## 注釋：

注一：漢・司馬遷，《史記》（台北：宏業書局，民國七十九年十月十五日），頁一七四〇。

注二：同注一，頁一七四〇—一七四一。

注三：慧明，《觀世音菩薩》（台北：海鴿文化出版，二〇一五年二月一日），頁三〇三。

注四：《中國歷代戰爭史》第二冊（台北：黎明文化出版公司，民國六十五年十月），頁五九。

注五：顧炎武，《日知錄》，卷二十五，洗馬條，黃侃、張繼校本，民國四十七年出版，頁七〇三。

注六：明·余邵魚，《東周列國誌》（台北：大台北出版社，民國七十五年五月），第八十四回，〈夫差違諫越。勾踐竭力事吳。〉。

注七：同注一，頁一七四二。

注八：同注四，頁六〇—六一。

注九：關於「臥薪嘗膽」一事及詞彙之用，一般都認為是勾踐復國做的，但到了清初馬驌（順治十六年進士），卻說夫差也「臥薪嘗膽」。他說：「吳越之事，見於左氏內外傳，史記世家，越絕書，吳越春秋。詳哉，其言之矣。吳越同域，世為讐敵，非吳有越，越將有吳，勢使然也。二國之兵端，始於魯昭公三十二年（公元前五一〇），釁自吳起，越受其伐。既而闔廬入郢，允常乘虛以襲吳都，越獲報矣。檇李之役，勾踐敗吳，闔廬傷趾而死。夫差嗣立，臥薪嘗膽，義不共戴天，戰勝夫椒，遂以入越，子報父仇，何其壯也！」

「臥薪嘗膽」考證全文，見李震，《中國歷代戰爭史話》（台北：黎明出版公司，民國七十四年十月），六三—六七。

# 第六章　結齊、親楚、附晉、導吳與戰機

當越王勾踐君臣整政經武之際，也不忘持續做好對吳關係，吳國大概只有伍子胥沒有拿到越王的好處，夫差、伯嚭以下，多少拿到「厚禮」（金銀、寶器、女人等）。西施和鄭旦對夫差下足了工夫，因此夫差認為越國已完全臣服，準備北爭中原。

## 壹、結齊、親楚、附晉、戰機

周敬王三十一年（前四八九年），吳為打通北進之路，出兵攻打陳國而與楚有爭端。次年，吳又與魯爆發戰事，勾踐以為戰機來了，決心以必死之志伐吳，於是召集諸文武官員下達他的決心：

願一與吳徼天之衷，今吳越之國，相與俱殘！士大夫履肝肺同日而死！寡人與吳王接頸交臂而憤！此寡人之大願也。若此而不可得也，內量吾國不足以傷吳；外諸侯又不能害之，則寡人將棄國家，釋群臣，服劍臂刃，變容貌，易名姓，執箕帚而臣事之，以與吳王爭一旦之死。寡人雖知要領不屬，手足異處，四肢布裂為天下戮，寡人之志，必將出焉！（注一）

勾踐抱必死決心，吃了熊心豹子膽，一定要盡早報仇雪恥，消心頭吃糞之恨，在《史記》〈越王勾踐世家〉記載，大夫逢同回應了勾踐這個決心：

大夫逢同諫曰：「國新流亡，今乃復殷給，繕飾備利，吳必懼，懼則難必至，且鷙鳥之擊也，必匿其形。今夫吳兵加齊、晉，怨深於楚、越，名高天下，實害周室，德少而功多，必淫自矜，為越計，莫若結齊，親楚，附晉，以厚吳，吳之志廣，必輕戰。是我連其權，三國伐之，越承其弊，可克也。」勾踐曰：「善。」（注二）

大夫逢同提出廣結國際關係的看法，勾踐應也得到情報，除了吳國與陳、魯有戰事，夫差大建姑蘇臺，每天和西施在上面飲酒作樂，勾踐決意伐吳，范蠡認為時機尚未成熟，力勸勾踐暫緩，勾踐才打消發起戰端念頭，持續做好「結齊、親楚、附晉、厚吳」的備戰工作。但也就在此時，勾踐不打了，夫差卻率大軍打來，情勢相當危急，范蠡要如何解圍？

原來伍子胥知道越王君臣在幹啥！他向夫差說了一段話，夫差從來只聽伯嚭美言，不聽伍胥真話，這回他倒聽進去了，伍胥對夫差說出越國的陰謀：

> 去歲蟹成災於吳，稻為燼，要越加輸穀糧入吳，吳遲不予，是不恤吳災也。臣聞勾踐食不重味，與百姓同苦樂；又遣使結齊晉而親於楚。是勾踐不死，必為吳患，必起兵伐越。（注三）

夫差就算是一頭豬，聽到勾踐「結齊晉而親於楚」，他馬上有「感覺」，吳楚是死對頭，齊是將要攻伐的對象，他是否突然「頓悟」伍子胥的話？認清「勾踐不死、必為吳患」？他於是下令起兵伐越。

越在吳必有情報人員，勾踐很快得知夫差大軍將要攻來的訊息，也準備下令起兵迎戰，范蠡及時勸阻，並向勾踐分析目前吳越雙方戰力，還不能「硬碰硬」，文種也建議持續用「軟工夫」，派使者向夫差表達越之恭順，依文種所見曰：

> 王不如捨戎，約詞行成，以喜其民，以廣侈吳王之心……必許吾成，而不以越為可畏也。不以吾為可畏，必將寬我，而往霸諸侯焉。如是，吳將自疲敝其民，乃無有命矣。（注四）

范蠡、文種都認為吳軍正盛，不可力取，須導吳北爭中原以自疲其民，乘其敝而相機伐之，於是勾踐派使者向夫差表達越之臣服與恭順，果然夫差又下令收兵，並告諸大夫曰：「孤將有大志於齊，吾將許越，而不絕吾慮，若越既改，吾又何求？若其不改，吾再振旅既是。」顯然，夫差並未領悟伍子胥一向的說法，且認為越仍不足一擊，不可能是吳之「後患」，伍子胥又力諫：

> 大夫種勇而善謀，將玩吾國於股掌之上以得其志，夫固知君王之蓋威好勝也，故婉約其詞，以從逸王志，使淫樂於諸夏之國之自傷也，使吾甲兵鈍敝，人民離落，

而日以憔悴，然後安受吾燼。（注五）

伍子胥真慧眼，全部看穿了越國的企圖和陰謀，絲毫不差，可惜夫差終不聽子胥真言，而一場對越國瞬間來臨的戰禍，也在君臣用心用計的化解掉，持續他們的建軍備戰，讓夫差放心去北進中原。

## 貳、導吳國霸中原與戰機

周敬王三十二年（前四八八年）夏，吳王以為陳、越已服，乃與伯嚭徵魯哀公為鄫（今山東省嶧縣東八十里）之會。又次年，吳王又以魯未盡服，大舉起兵北進伐魯，魯屈服與盟而後還。

周敬王三十四年（前四八六）夏，楚以陳國附吳而伐之。是年秋，夫差欲起全國之兵，伐齊服晉，一舉完成中原霸業，乃大發民工役徒構築邗溝之城（今江蘇鎮江對岸），以為兵力轉運站；又鑿邗溝（今蘇北運河）通江淮，溝通魯、宋，北接沂（今江蘇邳縣附近），西接濟（今河南惠濟水），以通大軍糧草之水道。這是極大的工程，正中越「吳將自疲敝其民」之計。越為取得夫差歡心和信任，由文種率萬人民工、糧百船，協助吳王工程進行，夫差和伯嚭大喜，只有伍子胥痛在心。於是子胥又諫吳王曰：

> 夫齊魯之與吳也，習俗不同，言語不通，我得其地不能處，得其民不能使。夫吳之與越也，接土鄰境，交通屬，習俗同，言語通，我得其地能處之，得其民能使之，越於我亦然。夫吳越之勢不兩立，越之於吳也，譬若腹心之疾也，雖無作，其傷深而在內也。夫齊魯之於吳也，疥癬之疾也。今釋越而伐齊魯，雖勝之其後患未央。夫越王不忘敗於心也，惕然服士，以伺吾隙。今王不以越國是圖，而圖齊魯，是忘內憂而醫疥癬之疾也；齊魯豈能涉江淮而與我爭此地哉？……而又三年聚材，五年工作，高高下下，以疲民於溝瀆與姑蘇台池。天奪吾民之食，都鄙荐飢，今王卻居姑蘇之台為長夜之飲，又將違天以伐齊魯，則吳民離矣。……王其時將無方收之矣！（注六）

伍子胥說的得極有道理，齊魯與吳，習俗不同，言語不通，爭霸何用?而吳越相通，如今不爭越而出齊魯。吳王也覺得有道理，一時無言以對，好像子胥又說動了吳王，不料伯嚭代夫差辯說一翻話又打敗了子胥：

越已服而欲伐之；方許其成又欲襲之；將何以示諸侯？君王之令所以不行於上國者，以齊魯未服也。君王若伐齊而勝之，移其兵以臨晉，晉必聽命矣。是君王一舉而服兩國也。兩國服，則君王之令行於上國矣，又何懼於越？

夫差遂不聽子胥之諫，周敬王三十五年（前四八五年）春，吳與魯、邾、郯伐齊，軍至鄎邑（山東蒙隆），齊大夫鮑牧弒國君悼公姜陽生，立其子姜壬，是為齊簡公，以說吳而罷。是年冬，楚公子結伐陳，吳使季札救陳。

周敬王三十六年（前四八四年）五月，吳與魯師伐齊，克齊博、嬴二邑，進抵艾陵（今山東萊蕪），爆發歷史上有名的「艾陵之戰」。是役，齊全軍大敗，齊將國書、公孫夏、閭五明、陳書、東郭書，皆被吳軍所俘，及許多革車、甲首皆為吳所獲。

## 參、越國搬開一塊「大石頭」：伍子胥之死

當吳王志得意滿準備大舉出兵伐齊時，越王勾踐親率其眾，入朝夫差，王及官員列

士皆得饋賂。吳宮各級領導高興得不得了，獨子胥憂，又入諫說：「是豢吳也夫」。夫差不聽，反叫子胥往齊約戰，子胥乃攜其子赴齊，易姓名托大夫鮑牧，回國後伯嚭立既送子胥一頂「紅帽子」，說伍子胥「賣吳」。（注七）吳王夫差與齊戰勝而歸，聽伯嚭讒伍子胥「賣吳」，既賜劍令子胥自殺，這位一代忠臣仰天嘆曰：

> 嗟乎，讒臣嚭為亂矣，王乃反誅我。我令若父霸。自若未立時，諸公子爭立，我以死爭之於先王，幾不得立。若既得立，欲分吳國予我，我顧不敢望也。然今若聽諛臣言，以殺長者！

「若」既同「汝」，指子胥助夫差父闔閭取得大位事，又助夫差得到王位。提醒夫差「我是你的恩人」，如今怎聽讒臣奸言要殺恩人，此事在《史記》〈吳太伯世家〉亦曰：

> 越王勾踐率其眾以朝吳，厚獻遺之，吳王喜。唯子胥懼，曰：「是棄吳也。」諫曰：「越在腹心，今得志於齊。猶石田，無所用，且盤庚之誥有顛越勿遺，商之

以興。」吳王不聽，使子胥於齊，子胥屬其子於齊鮑氏，還報吳王，吳王聞之，大怒，賜子胥屬鏤之劍以死，將死，曰：「樹吾墓上以梓，令可為器。抉吾眼置之吳東門，以觀越之滅吳也。（注八）

「棄吳」，亦作「豢吳」，豢，養也。「屬鏤」是一把劍名，《史記》「正義」《吳俗傳》有一則故事，子胥死後，越從松江北開渠至橫山東北，築城伐吳，子胥給越軍託一夢，令從東南入破吳。越王即移向三江口岸立壇，殺白馬祭子胥，杯動酒盡，越乃開渠，子胥作濤，盪羅城東，開入滅吳，是從東門入滅吳也。

關於伯嚭如何給伍子胥戴「紅帽子」，有說子胥「通齊」，有「通越」，反正就是「通敵」、「賣吳」。可見政治鬥爭古今方法一致，要鬥垮對手就送他一頂「紅帽子」，絕對管用。《史記》〈越王勾踐世家〉記述，吳王將伐齊，子胥諫曰：

「願王釋齊先越」吳王弗聽，遂伐齊，敗之艾陵，虜齊高、國以歸，讓子胥，子胥曰：「王毋喜！」王怒，子胥欲自殺，王聞而止之。越大夫種曰：「臣觀吳王政驕矣，請試嘗之貸粟，以卜其事。」請貸，吳王欲與，子胥諫勿與，王遂與之，越乃私喜。子胥言曰：「王不聽諫，後三年吳其墟乎！」太宰嚭聞之，乃數與子胥爭越議，因讒子胥曰：「伍員貌忠而實忍人，其父兄不顧，安能顧王？王前欲伐齊，員強諫，已而有功，用之反怨王，王不備伍員，員必為亂。」與逢同共謀，讒之王，王始不從，乃使子胥於齊，聞其託子於鮑氏，王乃大怒，曰：「伍員果欺寡人！」役反，使人賜子胥屬鏤劍以自殺。（注九）

子胥死了，對越國言是搬開滅吳之路上的「大石頭」，若子胥不死，那天夫差又「聽懂了他的話」，滅吳就難了，現在大石頭不在了，越將啟動滅吳之戰。

子胥死了，對吳王夫差言，是心中「去掉一顆大石頭」。夫差最討厭子胥一天到晚逆他心意，說不中聽的話，現在他專心北爭中原，以勝齊之威，要求中原各國接受吳王之命，尊為霸主。

周敬王三十七年（前四八三年）五月，會魯於橐皋（今安徽巢縣西柘皋鎮）。是年秋，又會宋、魯、衛於鄖（今江蘇如皋縣東），約定明年夏與晉會師於黃池（今河南封邱縣南之黃亭）。

**注　釋：**

注一：《中國歷代戰爭史》第二冊（台北：黎明文化事業公司，民國六十五年十月），頁六二。

注二：漢．司馬遷，《史記》（台北：宏業書局，民國七十九年十月十五日），頁一七四二—一七四三。

注三：同注一，頁六三—六四。

注四：同注一，頁六四。

注五：同注一，頁六四。

注六：同注一，頁六五。

注七：陳致平，《中華通史》（第一冊）（台北：黎明文化事業公司，民國六十七年四月五日，頁三三七。

注八：同注二，頁一四七二。

注九：同注二，頁一七四三。

# 第七章　第二階段作戰：越滅吳之戰

伍子胥一死，勾踐知道復仇滅吳的機會到了。勾踐召范蠡曰：「吳已殺子胥，導諛者眾，可乎？」對曰：「未可。」勾踐急於復仇問范蠡能否起兵？范蠡說「還不行」，子胥雖死，吳大軍尚未遠離國境。至明年春，吳王北會諸侯於黃池，吳國精兵從王，惟獨老弱與太子留守。勾踐復問范蠡，蠡曰「可矣。」（注一）這時候勾踐完全依靠范蠡，勾踐信任他對戰機的判斷比自已正確，這是范蠡的兵學素養使然。

## 壹、第一次襲吳之戰（參看附圖）

周敬王三十八年（前四八二年）春，吳王夫差使王子地、王孫彌庸輔太子友守國，親率舉國精兵乘舟出邗溝（現時之運河口）北上，而至黃池。五月周王派單平公（周卿士）與晉定公，會吳王夫差於黃池，吳晉爭長，月餘未能成盟。在這節骨眼，吳王接獲越襲吳都的「最高機密」，夫差為「保密」，連殺七個通報者。

吳王北會諸侯於黃池，欲霸中國以全周室。六月丙子，越王勾踐伐吳，乙酉，越五千人與吳戰。丙戌，虜吳太子友。丁亥，入吳。吳人告敗於王夫差，夫差惡其聞也。或泄其語，吳王怒，斬七人於幕下。（注二）

那七人真倒霉，也算「因公陣亡」，但吳晉爭盟要快速解決，吳王決定採取「武力示威」。吳王乃用王孫雒之計，決以軍威逼晉，於是率其大軍乘夜直趨晉營前一里，排成中，左，右三個方陣（陳士卒百人，以為徹行百行，萬人以為方陣）。中軍皆白裳，白旂，素甲，白羽之矰，望之如荼；王親秉鉞，載白旗，以中陳而立。左軍皆赤裳，赤旂，丹甲，朱羽之矰，望之如火。右軍皆玄裳，玄旂，黑甲，烏羽之矰，望之如墨。軍威壯盛，晉軍大駭，乃遣使至吳軍，請吳王以吳公名義主盟。晉使將還，王稱左畸曰：「攝少司馬茲，與王士五人，坐於王前，乃皆進曰：剄於王前以酬客。」遂皆自刎死。以示吳武士之精神也。（見國語卷十九吳語）

盟成，吳王即急急回軍，時為七月辛丑。不難猜測此時此刻夫差心中的痛苦或後悔，痛苦被勾踐騙了，自己像一頭豬，也後悔不聽伍子胥的話，他應該也後悔殺了伍子胥，而伯嚭應該開始感到恐懼……

在越國方面，當夫差會盟於黃池，勾踐問范蠡可否起兵伐吳，蠡曰「可矣」。即發習流（罪人經過軍事訓練）二千人、教士（正規軍）四萬人、君子（越王親兵、類似今之禁衛軍）六千人、諸御（各級幹部）千人。六月丙子向吳進軍，先頭部隊兵分兩路，一路范蠡率領，由海路入淮河，切斷吳軍自黃池的歸路。一路由大夫疇無餘、謳陽為先鋒，勾踐自率主力繼後，從陸路北上，直襲姑蘇。（見後圖）

當越先鋒抵達吳都郊時，吳太子友與其將王子地、王孫彌庸、壽於姚，皆自泓（水名）上觀之，彌庸突見越姑蔑部族軍中有其父之旗（彌庸父前為越所俘、故姑蔑人得其旗）。吳太子友主張固守待援，派人請夫差回兵，曰：「戰而不克，將亡國，請待之。」彌庸則輕視越軍戰力，認為「戰而不勝，守猶未晚」，乃擅自領兵出戰，不料真擊敗越軍先鋒，俘虜了疇無餘和謳陽。

越王大軍很快到達，吳軍據守不出，越軍佯退以誘敵，吳諸將昡於彌庸初戰之勝利，乃以王子地守城，餘大舉出擊，卻被越軍包圍殲滅，太子友、彌庸、壽於姚皆被俘。丁

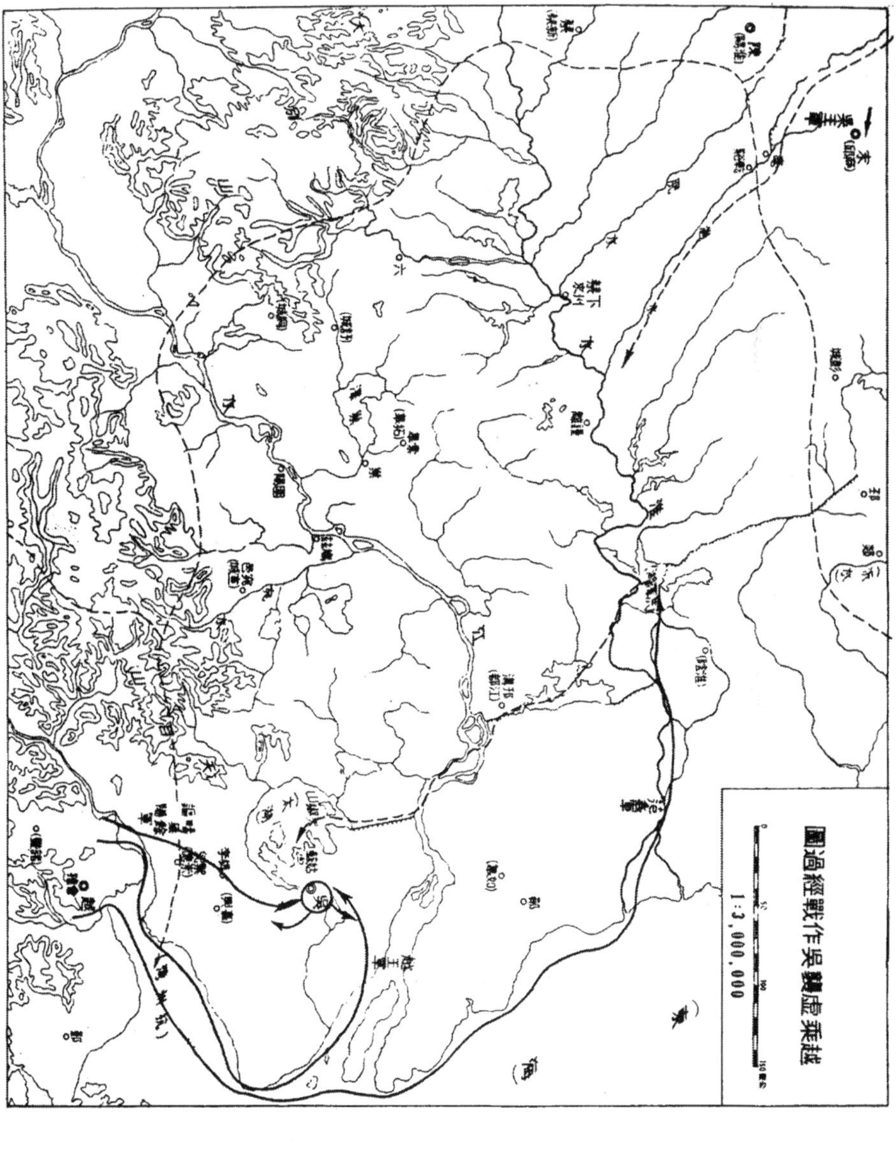
越乘虛襲吳作戰經過圖
1:3,000,000

亥（越主力到第二日），越軍破吳都，焚姑蘇台，盡獲其大舟。范蠡、後庸之部，盡收吳國軍械糧秣後，也由邗溝回到姑蘇，與越王主力會師，準備吳王回師時，與他決戰。

吳王急忙回師，途中將士已知姑蘇淪陷，皆無鬥志，夫差也覺得反擊沒有把握，途中派伯嚭向越求和，而范蠡也認為吳大軍尚在，很難將其殲滅，建議勾踐答應求和。是年冬，越吳和而班師。姑蘇戰後，越國不但擺脫了對吳國的臣屬地位，而且破壞吳國的經濟，殲滅了吳國的若干兵力，並利用取獲的吳國資財充實了自已，提高了戰勝吳國的信心。而吳王夫差自越軍退後，亦效法勾踐當年所為，表面上息民罷兵，暗地裡卻密謀備戰，準備報仇。

## 貳、第二次攻吳笠澤之戰（參看附圖）

周敬王四十二年（前四七八年），吳國發生大旱，此時，距上回襲吳已有四年，夫差學乖了，積極訓練備戰，也計畫要復仇雪恥，越國也不敢放鬆，此種情境，類似二十世紀美蘇兩強的「恐怖平衡」，雙方都不敢輕啟戰端，但吳國發生旱災，倉稟空虛，給越國有了機會。大夫文種提出他的建議、構想：（注三）

㈠吳王仍積極以謀攻我，今故示息民不備，乃欲以懈我，我不可怠忽。

㈡今吳民既疲憊不堪，在大飢荒之下，「市無赤米」，倉廩空虛；其民必移東海之濱，以就蒲蚌之食，人民怨謗。今若起兵突乘之，吳邊遠之兵必不能救。且吳王將恥於不戰，必以其國都之兵迎戰，我遂可乘其求兵未至，而各個擊滅之。

㈢使由禦兒（越之北鄙，今浙江省崇德縣東南）攻之，「吳王若慍而又戰」，我便可大舉伐之。「若不戰結成」，則我又可厚取之，吳將益匱乏。

勾踐以為然，正在這時候，楚使申包胥來越國訪問，說要助越王勾踐復國，他很有真本事，當年吳伐楚入郢，他到秦國求救兵，使楚昭王復國。（注四）他和伍子胥是好友也是「類敵人」，子胥奔吳時說「必滅楚」，包胥答說「你能滅楚，我必能復楚」，後果如是，包胥「愚忠」，但有一點比伍胥高明且自在，包胥不要權力，不要官位，如今又到越，說幫助勾踐復國，笠澤之戰前，申包胥和勾踐有一段問對：

王問：吳欲滅吾宗廟社稷，使吾鬼神斷血食。今幸我車馬甲兵卒伍既足，請問何以戰？

胥答：吳大國也，能博取諸侯之貢賦，敢問何以與之戰？

王答：我酒食必分臣民。我為報吳，飲食不甘味，聽樂不盡聲，求以報吳，願以此戰。

胥對：善則善矣，未可以戰也。

王答：越國之中，疾者吾問之，死者吾葬之，老其老，慈其幼，長其孤，求以報吳，願以此戰。

胥對：善則善矣，未可以戰也。

王答：越國之中，吾寬民以子之，忠惠以善之，修令寬刑，施民所欲，去民所惡，稱其善，掩其惡，求以報吳，願以此戰。

胥對：善則善矣，未可以戰也。

王答：越國之中，富者吾安之，貧者吾與之。救其不足，裁其有餘，使貧富皆利之，求以報吳，願以此戰。

胥對：善則善矣，未可以戰也。

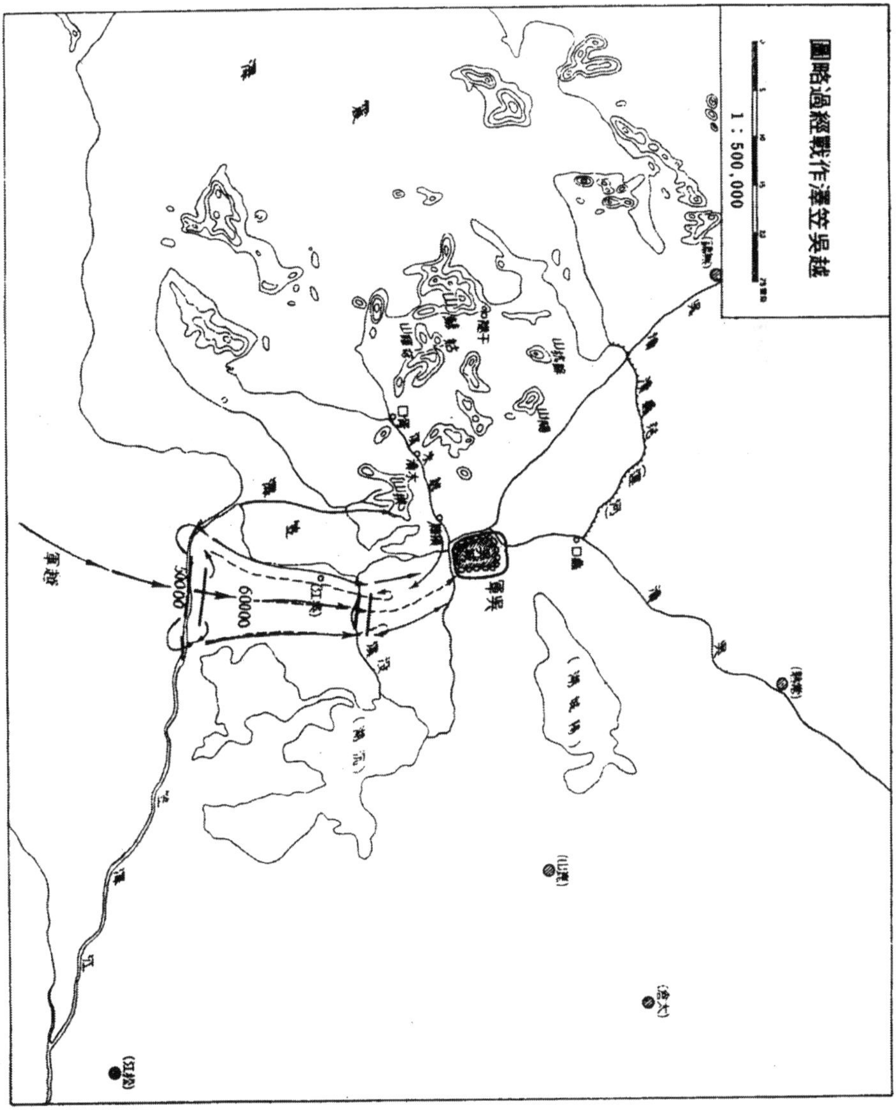
越吳笠澤作戰經過略圖
1：500,000
50000
60000

以上對話申包胥認為越之內政雖已善矣，民心固矣，兵甲足矣，然以越為小國，獨力尚不足以勝吳，故皆答「善則善矣，未可以戰。」包胥從兩國國力評估，認為戰機未到，還要加上其他（如國際關係）因素。

王又曰：越國南親楚，西結晉，北結齊，春秋皮幣玉帛子女，以賓服焉，未嘗敢絕，求以報吳，願以此戰。

胥對曰：「善哉，無以加焉」。蓋由包胥之意，越以小敵大，以弱擊強，非在外交上獲優勢，不足以取勝於吳也。

胥又曰：夫戰，智為始，仁次之，勇次之。不智則不知民之極，無以銓度天下之眾寡，不仁則不能與三軍共饑勞之殃；不勇則不能斷疑以決大計。

王曰：然！（注五）

於是，勾踐召集五大夫，范蠡、文種、逢同、后庸、若成，說明用意：「……王孫包胥既命孤矣，敢訪諸大夫，問如何而可？願諸大夫言之……孤將以舉大事。」諸大夫提出賞罰、備戰等意見。勾踐另又召開「全軍會議」，尋求各種善計，收集思廣益之效，並申令作戰開始後，國之內、外職責，對留守大夫說：「食土不均，土地之不修，內有辱於國，是子也；軍士不死，外有辱，是我也。」是年（前四七八年）三月，通告全軍：（注六）

> 寡人聞古之賢君，不患其眾之不足也，而患其志行之少恥也。今夫差衣水犀之甲者億有三千，不患其志行少恥也，而患其眾之不足也。今寡人將助天威之，吾不欲匹夫之勇也，欲其旅進旅退，進則思賞，退則思刑；如此，則有常賞。進不用命，退而無恥；如此，則有常刑。

勾踐大軍出發時，斬有罪者，申明國法之嚴厲並振軍威。第一日前進，又斬不從伍令者，第二日前進，又斬不用王命者，第三日行軍到禦兒（今浙江崇德縣），又斬了一批淫逸者。大軍駐營在禦兒，又下令「有父母耆老而無昆弟者，歸侍父母。有兄弟四五人皆從軍者，遣其欲歸者一人。有眩瞀之疾者遣歸，筋力不足以勝甲兵，志行不足以聽令者遣歸。」及自禦兒出發，又斬畏縮不前者，全軍成為一支不怕死的勁旅，最後又號令曰：「歸而不歸，處而不處，進而不進，退而不退，左而不左，右而不右，身斬，妻子胥。」以統一軍令，嚴肅軍紀。

於是越王勾踐與大將軍范蠡率五萬大軍入侵吳國，吳王夫差聞越軍入侵，亦帥六萬兵力，禦之於笠澤江（看附圖、今江蘇省吳江縣南二十三里）。兩軍夾江而陣，相持到入夜，準備明日再戰。

入夜後，越王分其兵力各約萬人為左右句卒（別為左右兩隊，隸屬本隊之陣名），左軍乘夜溯江五里處待命；右軍亦乘夜順江五里處待命。至夜半，令左右軍各鳴鼓渡江，至水中央待命。

吳軍夜半突聞江中上下游各有鼓聲大振，知越軍渡江，並已分為二部要夾擊吳軍，乃不及待旦，亦分二部以禦之，如此，則已中越王之計。

越王探知吳已分軍二部，乃乘其移動之際，令中軍秘密渡江，以君子之卒六千兵力為先，潛行至江北。至吳軍營前，發起奇襲，吳中軍突遭夜襲，大亂潰敗，已分之軍回救不及，越之左右軍又渡江追擊之。故，吳之左右兩軍亦敗。

吳軍北退二十餘里至沒溪（吳江縣附近），據溪為守，收容殘兵敗卒，局勢稍定，準備再戰。然正當此時，范蠡所率舟師自震澤（今太湖）取橫山（今吳縣西南二十里），向吳軍採取包圍攻擊態勢（古代水上包圍），吳王見形勢不利，乃向吳城之郊撤退，又遭越軍追擊而大敗，在郊戰又敗。乃又入城據守，越軍則築越城於胥門（西門）外，準備進行長期圍困消耗戰。

## 參、圍攻吳都之戰、范蠡堅持滅吳（參看附圖）

越王即築越城於吳都胥門外，這是做長期消耗戰的打算，一面監視吳都而困之，一面因吳之民而治之，因吳之糧而食之，按兵不與戰，吳軍來挑戰，一日五回，勾踐欲戰，范蠡勸止之。如是圍困吳軍，達二年多，到周敬王四十四年（前四七六年）。

此時，吳地已盡為越所有，勾踐乃北開運河之瀆（自吳城北十五里之蠡口直通無錫縣東南四十里之蠡尖口），以連通三江五湖，西植葛麻於天椒山，以為弓弦，東控笠澤江（吳松江），以收東方之糧。南通檇李之瀆，以利前後輸送，越軍因而日益強大，吳軍日益衰弱，惟吳王尚有親軍萬人堅守吳都。越王欲攻之，范蠡勸止曰：「凡兵之勝，敵之失也，今不能再分敵之兵，猶可疑敵之心也。」於是，再圍困謀誘敵之策。

周敬王四十四年（前四七六年）春，越發兵攻楚，用以誆騙吳軍使其不備，楚追越軍至冥城（今河南信陽），不及而回。次年（周元王元年、前四七五年）十一月，越再

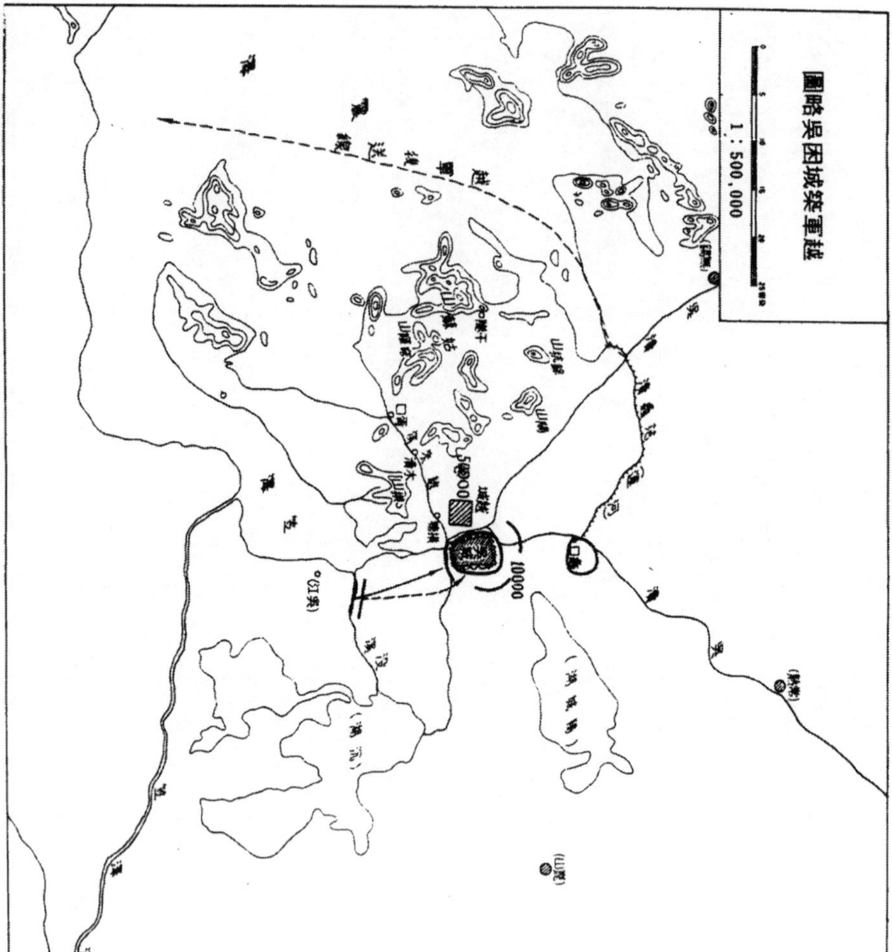
越軍築城困吳略圖
1：500,000
10000

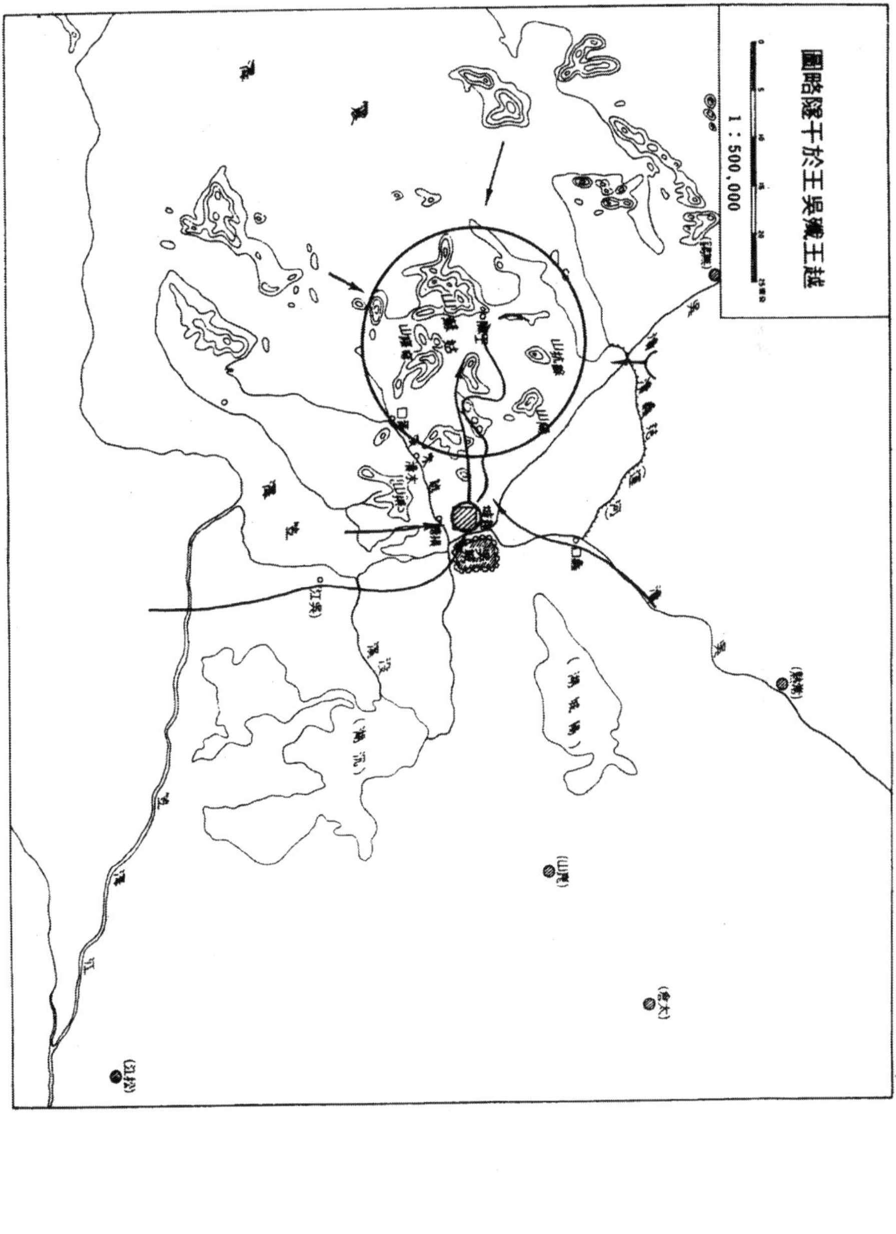
越王滅吳王於干隧略圖
1：500,000

大舉攻吳，又圍吳王於西城（即越城）。吳王大懼，率軍乘夜突圍，西上姑蘇山（在吳縣西三十里，亦名姑胥山、姑餘山，今名胥台山），派使者王孫雒請和於越王；如是者再，越王不忍，將許之，皆為范蠡所諫阻。換言之，堅持必須徹底滅吳（乃至要夫差老命），現在反而是范蠡，不是越王，勾踐一定想到當年，夫差並未取他老命，現在應該也放夫差一條活路，以下是越王、范蠡、吳王和使者一些對話，是極有智慧的經驗學習。（注七）

范蠡再諫曰：「孰使我早朝而晏罷者，非吳耶？與我爭三江五湖之利者，非吳耶？夫二十年謀之，一朝而棄之，其可乎？王姑勿許，其事將易冀也（冀望也，言事將易成也）」。

越王曰：「吾欲勿許，而難對其使者，子其對之。」

范蠡對吳使者曰：「昔者上天降禍於越，委制於吳，而吳不受，今將反此義，以報此禍，吾王敢無聽天之命，而聽君王之命乎？」

王孫雒曰：「子范子：先人有言曰，無助天為虐，助天為虐者不祥，今吳稻蟹不遺種，子將助天為虐，不忌其不祥乎？」范蠡仍不許。

王孫雒曰：「子范子將助天為虐，助天為虐不祥，雒請反辭於王（謂再請示越王也）」。

范蠡曰：「君王已委制於執事之人矣；子往矣，無使執事之人，得罪於子！」

范蠡鐵了心，必滅吳，王孫雒大哭而返，筆者忖度范蠡心態，他和吳王乃至吳國並無深仇大恨，為何必要置吳王於死地？或許要回到三十七年前，周敬王十年（前五一〇年），他和好友文種商討「奔越或奔吳」那段對話〈見第一章〉。他將吳定位為「仇邦」，是祖國（楚）之仇邦，不入仇邦而奔越，可以幫助祖國「聯越制吳」，消滅祖國的敵人。故，此刻必置吳於死地，范蠡不報於王，擊鼓興師以隨使者，圍攻吳王於姑蘇之山，勾踐左思右想，還是不忍，復使人言於吳王。

越王曰：「吾其達王於甬句東（今舟山群島），君百家，夫婦各三百人以奉之，唯王所安與俱者，吾與君為二君乎，以沒王年。」

吳王曰：「君若殘余社稷，滅余宗，寡人請先死……，凡吳土地人民，越既有之矣，孤何以視於天下，吾老矣，不能事君王。」

於是，范蠡乃使三千人入姑蘇山，以搜擊吳王，得之於干隧（姑蘇山之北），吳王請自死，乃使人祝告於子胥曰：「使死無知，則已矣！若其有知，吾無面目以見子胥也。」遂自殺，時為周元王三年（前四七三年），十一月丁卯日。

在《史記》〈吳太伯世家〉最後記載，「越王勾踐欲遷吳王夫差於甬東，予百家居之。吳王曰：「孤老矣，不能事君王也。吾悔不用子胥之言，自令陷此。」遂自剄死。越王滅吳，誅太宰嚭以為不忠，而歸。」（注八）在〈越王勾踐世家〉也說「越王乃葬吳王而誅太宰嚭。」

深刻的理解越滅吳經過，勾踐和范蠡誰最想要撤底滅吳？無疑是范蠡也，但小國之越軍如何能「全殲」大國之吳軍？奇謀與戰略之用也，真是神鬼莫之能知。

范蠡之謀吳，處心積慮前後二十年，無一事不以謀略出之。吳兵之強，則用齊魯晉楚之兵以疲之。子胥之智，則藉伯嚭以殺之。夫差之傲，則卑事厚賂以肆之。乃至用兵之奇正，金鼓之虛實，處處以詭道行之。詭道者，使敵人莫測之道也。孫子說，「故能示之以不能；用而示之不用；近而示之遠，遠而示之近；利而誘之，亂而取之；實而備之，強而避之；怒而撓之，卑而驕之；佚而勞之，親而離之；攻其無備，出其不意，此兵家之勝，不可先傳也」。孫武為闔廬著書，而其用反為范蠡所竊取，因以顛滅吳國；范蠡誠可謂兵家奇才。但若孫武當時如尚健在，真將不勝其痛憾焉。

孫武和范蠡，均為兵學家之正宗。孫武當闔廬入郢後面退隱；范蠡當勾踐滅吳後而退隱，蓋功成身退，為古人居高持盈者之所尚。子胥以強吳破楚之功，以老臣而臨幼主，不知所以善處之道，卒罹殺身投江之禍，其智蓋在孫武范蠡之下。然其忠愛吳國，藉以報闔廬知遇之恩，知無不言，言無不盡；雖明知無救於吳國之滅亡，至於伏劍而不悔，其心可憫，其志亦彌可哀已！

至於伯嚭，實為可悲可惡之人物，其先祖在楚被奸臣費無忌讒害，他奔吳後不引為警訓，也當奸臣害人，像這類人在每個世代都有，實為人類社會中「品質」低劣者之代表。還有夫差，我前面說他是豬頭，他完全像個豬頭，毫無判斷力的人，死了也不須同情！

## 注釋：

注一：漢・司馬遷，《史記》（台北：宏業書局，民國七十九年十月十五日），頁一七四四。

注二：同注一，頁一四七三—一四七四。

注三：《中國歷代戰爭史》第二冊（台北：黎明文化事業公司，民國六十五年十月），頁六八—六九。

注四：陳福成，《孫子實戰經驗研究》（台北：黎明文化出版公司，民國九十二年七月），第六章。

注五：同注三，頁六九—七〇。

注六：同注三，頁七〇—七一。

注七：同注三，頁七二—七三。

注八：同注一，頁一四七五。

# 第三篇

# 范蠡兵學思想與商聖財神陶朱公傳奇

鄞縣東錢湖陶公山（鄮為越之東境）

太湖洞庭山（元・王蒙繪）

# 第八章　范蠡兵學思想

前章略提范蠡的用兵，謂「能而示之不能，用而示之不用，遠而示之近，近而示之遠」等，皆來自《孫子兵法》，但范蠡兵學思想追其根源，乃取孫子之「用」，與老子之「體」。合二者體用合一，在助越滅吳過程中，揮灑的漂亮極了。

范蠡並未留下有系統的兵學專書（漢書藝文志說有兵學兩篇），或年代久遠失傳。目前只能從《史記》、《國語》、《越語》、《越絕書》等古籍所述，略為整理，以窺范蠡兵學之本體思想。

## 壹、持盈、定傾、節事

越王即位三年，而欲伐吳，范蠡進諫曰：「夫國家之事，有持盈、有定傾、有節事。」

王曰：「為三者奈何？」顯然勾踐幹了三年國家領導，還不很清楚經營「國家之學」。

范蠡告訴他：「持盈者與天，定傾者與人，節事者與地。」這就是范蠡兵學思想的「本體論」，兵學的基本綱領。古今中外，一切國家（政權、團體），無不在天、地、人三者，追求平衡、突出和機會，以完成個人或國家的「霸業」（現代心理學叫「自我實現」）。天、地、人沒有完善處理，下場都不好，如勾踐困於會稽，夫差落得亡國自殺，放眼歷史，古今中外，一切事的成敗，不出天、地、人三大本體道理。

何謂「持盈者與天」呢？范蠡說：「天道盈而不溢，盛而不驕，勞而不矜其功，夫聖人隨時以行，是謂守時；天時不作，弗為人客，人事不起，弗為之始，今君王未盈而溢，未盛而驕，不勞而矜其功，天時不作，而先為人客；人事不起，而創為之始，此逆於天，而不和於人，王若行之，將妨於國家，靡王躬身。」

老子曰：「人法地，地法天，天法道，道法自然。」（見《老子》正詛第二十一章）以及「致虛極，守靜篤，萬物並作，吾以觀其復……，歸根曰靜，靜曰復命，復命曰常，知常曰明，不知常，妄作凶。」之理論。（見《老子》正義第十五章）。越王沒聽范蠡之言，他大概也聽不懂（含金湯匙出生的人大多不學無術），終於敗於會稽，落得到吳國當三年奴才，還吃了夫差的大便，這種人是很「恐怖」的，簡直是最早的「恐怖份子」。

何謂「定傾者與人」呢?范蠡說:「卑辭尊禮，玩好女樂，尊之以名。如此不已，又身與之市。」(《越語》下)。此乃「黃老靜觀萬物之變，而得其闔闢之樞，惟逆而忍之，靜勝動，牝勝牡，柔勝剛，欲上先下，知雄守雌，外其身而身存，無私故能成其私，所謂反者道之動，弱者道之用也。」(見魏源〈論老子〉)。

這「欲上先下、柔勝剛、無私故能成其私」，勾踐大概懂一點，可能不得已只好聽范蠡安排，乃派文種向夫差求和，條件是「請士女女於士，大夫女女於大夫，隨之以國家之重器。」初吳王不許，又開出更卑下的條件「請委管籥，屬國家，以身隨之，君王制之。」吳王終於答應和解並退兵。勾踐和范蠡去吳國當三年人質，過了三年苦日子。回國後，勾踐對「無私故能成其私」，才有些領悟，此後他就很信任並依賴范蠡。

何謂「節事者與地」呢?范蠡說:「唯地能包萬物而為一，其事不失。生萬物，容畜禽獸，後受其名然，而兼其利;美惡皆成，以養其生。時不至，不可強生;事不究，不可彊成。自若以處，以度天下，待其來者而正之，因時之所宜而定之，同男女之功，除民之害，以避天殃，田野開闢，府倉實，民眾殷，無曠其眾，以為亂梯，時將有反，事將有間，必有以知天地之恆制，乃可以有天下之成功。事無間，時無反，則撫民保教以須之。」（詳見《越語》下）。

余訝於二千五百年前，范蠡就有「男女平等、同功同酬」觀念，也有「就業率」的道理，「失業率」太高，會成為社會「亂梯」（即亂源），「時將有反、事將有間」，會有人造反，什麼事都做不成。（有如現今的台灣）真是神啊！范蠡！「事無間、時無反、則撫民保教以須之」，這「須」是「虛」字同，即「待」也，有可期待，因得民心，領導階層想做什麼！人民都能為之完成。

這個理論源自老子，老子曰：「天下有道，卻走馬以糞。」「吾有三寶，持而寶之：一曰儉，二曰慈，三曰不敢為天下先」，由此演繹出來，范蠡多次以時機未到，諫阻越王不要輕起戰端，都像老子的作為，「將欲歙之，必固張之；將欲弱之；必固強之；將欲廢之，必固興之；將欲奪之，必固與之；是謂微明，柔勝剛，弱勝強，魚不能脫於淵，邦之利器不可以借人。」這些思想在《孫子兵法》也提到，可見吾國兵學思想亦有源自老莊者。

及至艾陵之戰，黃池之會後，吳國政局社會「忠臣死、志士怨、人民解體、國力罷弊」，范蠡就決心用兵了。在滅吳過程中，我發現一個「很奇怪」的現象，三十多年來，筆者因有趣研究吾國春秋時代吳、楚、越三國，含同時代的幾個要人（楚平王、伍子胥、伯嚭、吳王闔閭和兒子夫差、越王勾踐、范蠡、文種、孫武等人）。吳伐楚入郢，楚人民起來反抗吳兵，得以復國，但越伐吳，吳人沒有反抗者，好像吳越之戰只是夫差一人的事，和吳國百姓無關，吳乃亡國，可見夫差施政，確實失敗。當時若有民調，夫差一定比陳水扁和馬英九更慘！

當范蠡決心用兵，初如風之疾發，勢似江河之決提；繼則「居軍三年，吳師自潰」，有老子「以正治國，以奇用兵，以無事取天下。」的智慧，終於滅吳，一氣呵成，「全勝、全軍、全國」，此乃老子兵學之體，加孫子兵法之用。

是故，老子所謂「不爭而有、無事取天下」，范蠡的「事無間、時無反、居軍三年、吳師自潰」，並非不作為，而是極深的謀略作為，藏於九地之下，動於九天之上，神難測，鬼不知，一般人當然就毫無「感覺」，唯有戰略素養的大智者知其動靜，說與人聽，人皆不信。就像一九九五年閏八月，我著書立說「共軍不會犯台」，很多人不相信，人大多活在傳言和八卦中，少能聽真言者。

## 貳、人事與天地相參、然後乃可成功

范蠡從楚奔越，到助越王滅吳這過程中，他的人格特質和智慧有幾點是很可貴的。

㈠對文種分析「奔越或奔吳」的二選一，他將吳定位為「仇邦」，不入仇邦，忌未來可能反攻祖國，這是可貴的愛國情操。故二人奔越，等於執行祖國「聯越制吳」的大戰略政策，公私兩利，個人事業有得發揮，對祖國有利，這正是「無私固能成其私」。㈡他對料敵（情報判斷）慎重而正確，對伐吳始終很有信心，尤其勾踐敗於會稽和入吳當人質，對很多狀況判斷都不出他所料，乃至極有信心。他確是做到「非萬全不動、非必克不攻」的境界，故能一戰而霸，在中國歷史上的兵法家中真千古二人（另一是孫子）！

從吳國回來四年後，越王問范蠡：「先人就世，不穀即位，吾年既少，未有恆常，出則禽荒，入則酒荒，吾百姓之不圖，唯舟與車，上天降禍於越，委制於吳，吳人之那不穀，亦又甚焉，吾欲與子謀之，其可乎？」

范蠡對曰：「未可也，蠡聞之，上帝不攷，時反是守，彊索者不祥，得時不成，反受其殃，失德滅名，流走死亡，有奪有予有不予，王無早圖。夫吳君王之吳也，王若早圖之，其事又將未知也。」（見《越語》下）。

很多人以為只有西方耶教有「上帝」，不知吾國更早就有上帝，范蠡這裡「上帝不攷，時反是守，彊索者不祥，得時不成，反受其殃。」應指「天」（自然）道未至，時機不成熟，勉強行之不祥，反受其害！

回國後五年，勾踐又問他：「吾與子謀吳，子曰未可也。今吳王淫於樂而忘其百姓，亂民功，逆天時，信讒喜優，憎輔遠弼，聖人不出，皆曲相御，莫適相非，上下相偷，其可乎？」對曰：「人事至矣，天應未也，王姑待之。」

前述筆者研究中，發現吳越戰爭好像是吳王夫差一人之事，吳國人民面對越軍入侵，完全沒有反抗者，且聽越王之治理，是吳王施政的失敗，此處有了證據，吳王不理百姓，給百姓帶來苦難，百姓當然也不理他。此刻，勾踐欲伐吳，范蠡認為人事沒問題，「天機」未到，他要越王再等等！

回國後六年，越王又回：「吾與子謀吳，子曰未可也。今申胥（伍子胥封於申故曰申胥）驟諫其王，王怒而殺之，其可乎？」對曰：「逆節萌生，天地未形，而先為之征，其事是以不成，雜受其刑，王姑待之。」（同上）

吳王才剛殺了伍子胥，范蠡認為「逆節萌生、天地未形」，事情才剛剛開始發生，「天」和「地」的條件尚不足，「先為之征、其事是以不成」，要勾踐再等待！

回國後七年，越王又問曰：「吾與子謀吳，子曰未可也。今其稻蟹不遺種，其可乎？」對曰：「天應至矣，人事未盡也，王姑待之。」王怒曰：「道固然乎？妄其欺不穀邪？吾與子言人事，子應我以天時，今天應至矣，子應我以人事，何也？」

每次問都說未可，勾踐大概也耐不住性子，而范蠡一下說人事備、天時未到；一下又說人事未盡，天時至矣，勾踐也疑惑，是不是范蠡不想打這一仗？

范蠡曰：「王姑勿怪，夫人事，必將與天地相參，然後乃可成功。今其禍新民恐，其諸臣上下，皆知其資財之不足以支長久也，彼將同其力，致其死，猶尚殆，王其馳騁弋獵，無至禽荒，宮中之樂，無至酒荒，肆與大夫觴飲，無忘國常，彼其上將薄其德，民將盡其力，又使之望而不得食，乃可以至天地之殛，王姑待之。」（同上）。

按范蠡所述，這天、地、人三者，不僅相參相關，且是統一的、變化的，今日一者可，明日或許又不可，須天地人三者都同時成熟，才是起兵開戰之時機。

回國後十年，越王又召范蠡說：「諺有之曰：觥飲不及壺飧，今歲晚矣，子將奈何？」對曰：「微君王之言，臣故將謁之，臣聞從事者，猶救火追亡人也，蹶而趨之，唯恐弗及。」王曰：「諾。」（同上）。

從前述勾踐和范蠡多次對話，可知范蠡料敵何等審慎，他知道不能有第二次失敗，因為沒有第二次機會，再敗便是越王君臣之死期，所謂「兵凶戰危、佳兵不祥」，報仇雪恥是不變的，可是一旦開戰，便乾坤一擲，須有必勝把把。故須待敵內憂外患，天災人禍，然後集中優勢兵力，一舉殲敵，其庶乎有成，范蠡心中盤算的，是一戰而成，沒有第二次「生聚教訓」。

有兵學智慧的人，大多深解「一戰而成」是境界，如吳起也說：「天下戰國，五勝者禍，四勝者弊，三勝者霸，二勝者王，一勝者帝，是以數勝得天下者稀，以亡者眾。」這是什麼道理？「五勝」（表示戰爭很久）不是很好嗎？但戰爭打了很久，五個大會戰都打勝了，這是天大的「禍害」。例如，中日八年戰爭，中國打勝了，打死對手，自傷也重，將給覬覦者（中共）好機會，勝利之日也是死期。所以吳起才說「數勝得天下者稀，以亡者眾」，范蠡兵法追求的，是「一勝者帝」。

## 參、得時無怠、時不再來、天予不取、反爲之災

回國後十二年，周敬王四十二年（前四七八年）春，越王興師伐吳，戰於笠澤，吳

軍大敗，越王忽然動了婦人之仁，想准許吳王議和，這時范蠡進諫說：「夫謀之廊廟，失之中原，其可乎？王姑勿許也。臣聞之，得時無怠，時不再來，天予不取，反為之災，贏縮轉化，後將悔之，天節固然，唯謀不遷。」（見《越語》下）。越王才停止和吳王和議的打算。

這裡范蠡已警示越王，老天要把吳國送你，你還不取，反會有災難，後悔已不及，有兵學智慧的人也一定知道，「和談」是戰爭方式的一種，國共內戰時，中共以和談為戰爭之手段，國軍和國民黨因「和談」而垮台，江山也談掉了，這個因素沒有八成，至少有五成。范蠡深怕越王又心軟，重開和談大門，那就慘了！又對勾踐說了一段話：

臣聞古之善用兵者，贏縮以為常，四時以為紀，無過天極，究數而止。天道皇皇，日月以為常；明者以為法，微者則是行，陽至而謀，陰至而陽；日困而還，月盈而匡，後則用陰，先則用陽；近則用柔，遠則用剛，後無陰蔽，先無陽察；用人無藝，往從其所，剛柔以禦，陽節不盡，不死其野，彼來從我，固守勿與；若將與之，必因天地之災，又觀其民之饑飽勞逸以參之，盡其陽節，盈吾陰節，而奪之利，宜為人客，剛彊而力疾，陽陰不盡，輕而不可取，宜為人主，安徐而重固，陰節不盡，柔而不可迫。凡陳之道，設右為牝，益左為牡，蚤晏無失，必順天道，周旋無究，今其來也，則彊而力疾，王姑待之。

王曰：「諾」。（同上）

不知道勾踐是否聽懂范蠡的長篇演講？最後只說一字「諾」，就是一切全聽你的，可見長期以來范蠡在這座大舞台，已扮演主角，領銜主演「吳越春秋」。

范蠡最後將吳軍圍困在吳都，「弗與戰，居軍三年，吳師自潰」。這戰事持續經年，吳軍一敗於笠澤，再敗於沒，三敗於郊，越軍雖全勝，犧牲也大，所以范蠡為爭取最後勝利，陳說了前述天時、地利、人和、陰陽、剛柔、主客、攻守等原理。圍城三年，吳師自潰，不得不歸功於范蠡作戰指導的正確。

## 肆、國家目標不可一夜間任意放棄

國家目標是這個國家、人民、民族的重要目標，即定為「國家目標」，必經很多戰略家評估，與該國生存發展及人民生命財產有直接關係，始得訂為「國家目標」。如我國在對日八年抗戰，「消滅日寇」即是國家目標，但最後「以德報怨」放走了敵人，美國邀請蔣介石派兵駐日，蔣也不派，等於放棄了長期的國家目標，必有後患。是故，我著書立說，主張廿一世紀內，中國人應以核武消滅日本這個邪惡的民族，才是中國和亞洲永久和平之道。

中國必須消滅日本這個民族，收其各島設為中國的一個省區，道理和越必須滅吳一樣。越滅吳是國家目標，中國消滅日本也是國家目標，更是民族目標，不可任意放棄，棄之必有後患，范蠡很清楚這個道理。廿一世紀的中國人，應該要知道我說的真理。

當越軍的包圍圈愈縮愈小，吳軍的抵抗力愈弱的時候，吳王於是「率其賢良，與其重祿，以上姑蘇」，這裡是吳王最後的據點，他知道大勢已去，於是派他最優秀的謀臣王孫雒求和於越，只求保全國家命脈，越王很想答應他，范蠡進諫說：

> 聖人之功，時為之庸；得時不成，天有還形，天節不遠，五年復反；小凶則近，大凶則遠，先人有言：「伐柯者其則不遠」，今君王不斷，其忘會稽之事乎？

越王於是不答應吳王求和，王孫雒一再來求和，「辭愈卑、禮愈尊」，越王又想答應。范蠡再諫說：「孰使我早朝而晏罷者，非吳乎？與我爭三江五湖之利者，非吳耶？夫十年而謀之，一朝而棄之，其可乎？王姑勿許，其事將易冀已。」越王只好不答應。

王孫雒絕不能放棄求和，因為沒機會了，他和范蠡有一段對話〈見前章〉。滅吳之事等於范蠡裁定了，不報於王，擊鼓興師，不傷於民，遂滅吳！

范蠡的決心，前無古人，他的兵學思想也影響後世很多兵家。漢之張子房、晉之杜元凱、唐之郭汾陽、宋之韓咸平、清之曾文正。但廿一世紀的中國人，必須學習范蠡決心，用核武消滅日本這個邪惡民族，中國和亞洲才有和平。

# 第九章　戰後的范蠡

## ——商聖財神陶朱公傳奇

戰後的范蠡，歷史上有些浪漫的想像，越既滅吳，盡有吳地，勢力更加壯大，勾踐乃以兵北渡淮，與齊晉諸侯會於銅山（今江蘇省銅山縣），派使致貢於周。周元王三年（前四七三年）底，命勾踐為伯，勾踐又歸吳人所侵陳宋之地於陳宋，還淮上之地與楚，還泗東五百里地與魯，於是諸侯稱賀，號為霸王。

## 壹、范蠡浮海以行經商去

按《史記》所述，戰後范蠡隨勾踐北上朝周之行程，回到五湖時，向勾踐辭行，在〈越王勾踐世家〉曰：

> 北渡兵於淮以臨齊、晉，號令中國，以尊周室，勾踐以霸，而范蠡稱上將軍。還反國，范蠡以為大名之下，難以久居，且勾踐為人可與同患，難以處安，為書辭勾踐曰：「臣聞主憂臣勞，主辱臣死，，昔者君王辱於會稽，所以不死，為此事也。今既已雪恥，臣請從會稽之誅。」勾踐曰：「孤將與子分國而有之，不然，將加誅于子。」范蠡曰：「君行令，臣行章。」乃裝其輕寶珠玉，自與其私徒屬乘舟浮海以行，終不反。於是勾踐表會稽山以為范蠡奉邑。（注一）

人性真是品質惡劣者居多，按勾踐之意，跟我在一起可享榮華富貴，不跟我就殺了你（但功臣文種跟他也被殺）。勾踐將返越，行至五湖，大將軍范蠡辭於越王曰：「君王勉之，臣不復入越國矣。」王曰：「寡人疑子之所謂者，何也？」范蠡答了「君憂臣勞」前述那段話，勾踐說：「所不掩子之惡，揚子之美者，使其身無終沒於越國。子聽吾言，吾與子分國；不聽吾言，身死妻子為戮！」范蠡必是當晚連夜逃浮於五湖，莫知所終，這是在《國語》卷二十一〈越語〉下另有的記載，之後的范蠡：

范蠡浮海出齊，變姓名，自謂鴟夷子皮，耕于海畔，苦身戮力，父子治產，居無幾何，致產數十萬，齊人聞其賢，以為相，范蠡喟然嘆曰：「居家則致千金，居官則至卿相，此布衣之極也，久受尊名，不祥。」乃歸相印，盡散其財，以分與知友鄉黨，而懷其重寶，閒行以去，止於陶，以為此天下之中，交易有無之路通，為生可以致富矣，於是自謂陶朱公，復約要父子耕畜，廢居，候時轉物，逐什一之利。居無何，則致貲累巨萬，天下稱陶朱公。（注二）

范蠡為何自謂「鴟夷子皮」，「鴟夷」者革囊也，或曰生牛皮也。當年吳王夫差殺伍子胥，盛以鴟夷，沈之於江，子胥為一代忠臣，今范蠡自以有罪，故為號也，想必是范蠡對伍子胥表達歉意，求點心安吧！

范蠡在後來的中國常民文化中，被尊為「商聖」、「文財神」，想必他是賺錢的第一把手，他有「天下之中、交易有無之路通」之慧眼，他對人性的觀察也準確，他到齊國時，寫一封信給好友文種，勸他快離開越國，勾踐是不能共享富貴的人，再不走老命不保：

# 「陶朱公」范蠡

## 范蠡如何成為「文財神」

范蠡，字少伯，生卒年不詳，漢族，春秋楚國宛（今河南南陽）人。春秋末著名的政治家、軍事家和實業家，被後人尊稱為「商聖」。他出身貧賤，但博學多才，與楚宛令文種相識，相交甚深。因不滿當時楚國政治黑暗、非貴族不得入仕而一起投奔越國，輔佐越國勾踐。幫助勾踐興越國，滅吳國，一雪會稽之恥，功成名就之後急流勇退，化名姓為鴟夷子皮，變官服為一襲白衣與西施西出姑蘇，泛一葉扁舟於五湖之中，遨遊於七十二峰之間。期間三次經商成巨富，三散家財，自號陶朱公，乃中國儒商之鼻祖。世人譽之：「忠以為國，智以保身，商以致富，成名天下。」

文財神范蠡

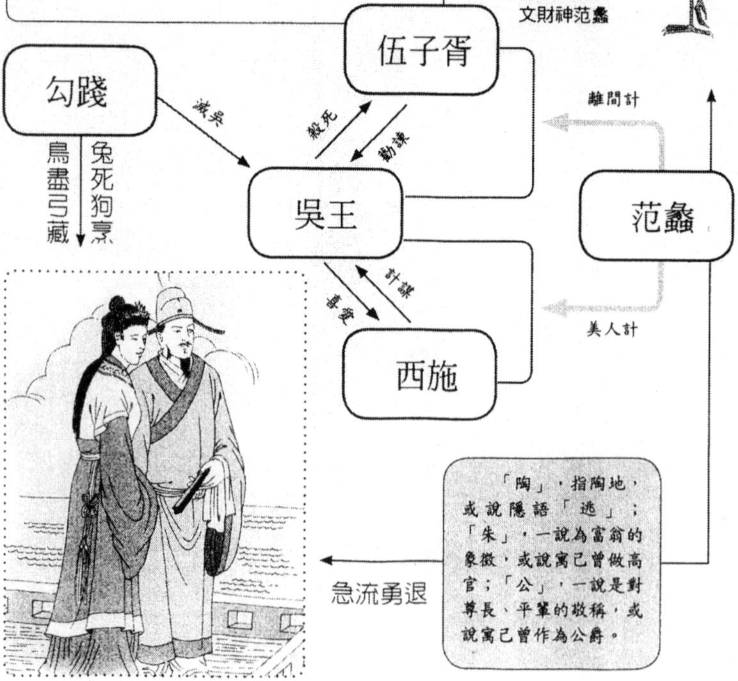


資料來源：慧明，《觀世音菩薩》（台北：海鴿文化出版社，2015 年 2 月 1 日），頁 303。

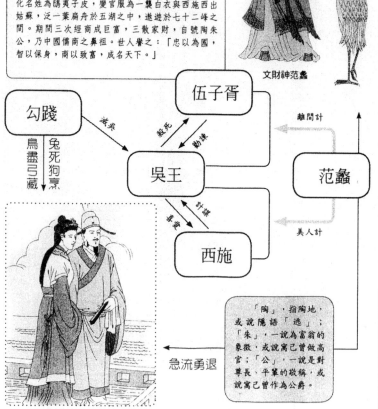

范蠡遂去，自齊遺大夫種書曰：「蜚鳥盡，良弓藏；狡兔死，走狗烹，越王為人長頸鳥喙，可與共患難，不可與共樂，子何不去？」種見書，稱病不朝，人或讒種且作亂，越王乃賜種劍曰：「子教寡人伐吳七術，寡人用其三而敗吳，其四在子，子為我先王試之。」種遂自殺。（注三）

這勾踐也不是人，成功了就殺功臣，所謂「子教寡人伐吳七術，寡人用其三而敗吳，其四在子，子為我從先王試之。」根本就是「莫須有」殺人，也怪文種沒有急流勇退的智慧。在《越絕書》上提到的是「九術」：一曰尊天

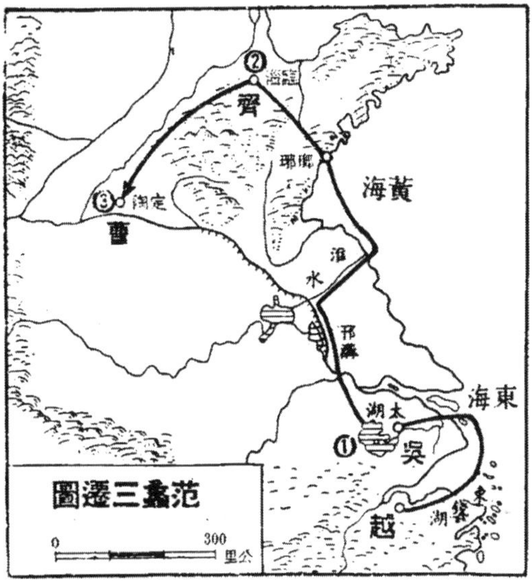

浦陽江上的諸暨城——西施的故鄉

事鬼、二曰重財幣以遺其君、三曰貴糴粟稾以空其邦、四曰遺之好美以熒其志、五曰遺之巧匠使起宮室高臺，以盡其財，以疲其力、六曰貴其諛臣使之易伐、七曰彊其諫臣使之自殺、八曰邦家富而備器利、九曰堅甲利兵以承其弊。

按越伐吳滅吳的幾十年過程中，這兩位好友的分工，范蠡掌軍事和戰略指導，文種掌文事和政略指導，以上不論七術或九術，約屬「政略」（政治謀略）範圍，勾踐說「寡人用其三」，等於說很多仍藏於文種肚子裡，所以勾踐怕怕，乾脆殺了。是故，處事不僅財不露白，「才」亦不可顯露，但不顯誰知你有才，不露如何可得重用，處世是一門永遠學不完的學問啊！歷史上能得「善終」的要人，似乎不多！

范蠡——成功以後泛舟五湖（明代名畫）

越滅吳，西施這個女人也有大功，只是歷史上關於她的傳說也是浪漫。可能二千多年前女性地位尚未提升，在吳越春秋中，如勾踐的老婆也有功，但後世皆未知其詳，略說西施。

## 貳、關於西施，最後是否成了范太太？

《越絕書》稱，「吳亡後，西施復歸范蠡，同泛五湖而去。」另一說吳亡後，越沈西施於江，但歷史也記載西施派往吳國侍侯夫差前，曾受訓三年（訓練課目是禮儀、情報等）（注四）。若是，則她是成功的女諜報員，自保能力不差，應不至被沈於江，以當了「范太太」最有可能。

物色到西施是文種的慧眼，就像現在的「星探」，文種到苧蘿山，看到採薪女西施、鄭旦二人，帶回訓練三年，飾以羅縠，教以容步，獻於吳，吳王大悅說：「越貢二女，乃勾踐盡忠於吳之證也。」（真是豬頭！）

伍子胥諫曰：「不可，王勿受也，五色令人目盲，五音令人耳聾……大王受之，後必有殃。」又曰：「臣聞賢士國之寶，美女國之咎，夏亡以妹喜，殷亡以妲己，周亡以褒姒。」吳王不聽，遂受其女。（注五）伍子胥以女人都是禍水，且「美女國之咎」，有些過了頭，也得罪了天下美女。所謂「英雄難過美人關」，這是男人的弱點，世間萬物，一物剋一物。

西施果然完成使命，在吳宮的諜報工作出色，董穎詞讚曰：「越王嫁禍獻西施，吳既中深機。」既後來收到預期的功效。一個美女的力量，可能勝過一支強大的軍隊，中外史例甚多。

浙江省諸暨縣南有小阜叫苧蘿山，下臨浣江（一作若耶溪，即浦陽江之上游），江中有浣紗石。今諸暨城南一公里，浦陽江畔，有坊叫「古苧蘿村」，是西施故里，村裡有西子洞，若有旅行者到此一遊，勿忘給西施小姐上一柱香，王維有詠西施詩：

豔色天下重，西施甯久微。
朝為越溪女，暮作吳宮妃。
賤日豈殊眾，貴來方悟稀。
邀人傳香粉，不自著羅衣。
君寵益嬌態，君憐無是非。
……

吳王夫差為西施築館娃宮，其地在今蘇州西郊靈巖山上靈雲寺，吳亡後，西施仍歸越，關漢卿詞所謂：「妲已空破國，西子枉傾城」是也，女人的力量真是太大了，滿清末年，慈禧太后一個老女人，也搞垮中國，這個禍害，大約為害中國二百年，民族元氣才會恢復。

本書研究范蠡和西施，以二人浮海同去最有可能。但范蠡向勾踐辭別時，勾踐曾說「跟著我共享富貴，不跟我，子死，妻戮」，可見范蠡在越已有一妻，所以出奔是他應該是帶著兩個老婆，詩人稱美之，宋柳詞曰：「三吳嘉景占風流，滑南往事憶來遊。」「西子方來，越相成功去，千里滄波一葉舟。」

相傳江蘇宜興縣之陶業，范蠡為其創始者，浙江鄞縣東錢湖中陶公山，世傳陶朱公曾隱於此，有釣磯在此，應他和巴施共遊處，董沛詩云：「絕代紅顏空一舸，起家赤手致千金。」真是千古絕唱美談。

## 參、兒子殺人了，千金之子不死於市？

范蠡之離開越國，尚有一說，在《史記》〈貨殖列傳〉曰：「范蠡既雪會稽之恥，乃喟然而嘆曰：『計然之策七，越用其五而得意。既已施於國，吾欲用之家。』乃乘扁舟浮於江湖。（注六）范蠡之意，是計然的七大法寶，越用其五，就滅吳復國，國家用了五法寶，剩二件要留給自已用，用於經商發財，這法寶真好用，從政用之致卿相，從商用之成大企業家，吾以為范蠡浮海而去，這也是重要因素。

世人大多知道助越復國的范蠡，也聽聞「商聖」「財神」企業家陶朱公，惟極少知其家庭生活情形者。古今概同，教授之子未必會讀書，財神之子未必能賺錢，有一代不如一代者，有「歹竹出好筍」者。商聖陶朱公之子不學好，成了殺人兇手，《史記》記錄：

> 朱公居陶，生少子，少子及壯，而朱公中男殺人，囚於楚。朱公曰：「殺人而死，職也。然吾聞千金之子不死於市。」告其少子往視之，乃裝黃金千溢，置褐器中，載以一牛車。還遣其少子，朱公長男固請欲行，朱公不聽，長男曰：「家有長子

曰家督，今弟有罪，大人不遣，乃遣少弟，是吾不肖。」欲自殺。其母為言曰：「今遣少子，未必能生中子也，而先空亡長男，奈何？」朱公不得已而遣長子，為一封書遺故所善莊生。曰：「至則進千金于莊生所，聽其所為，慎無與爭事。」長男既行，亦自私齎數百金。（注七）

陶朱公有三個兒子，長男、中男、少子，其中男殺人被囚於楚國，準備判死刑，朱公得知，說「有錢能使鬼推磨」，準備派少子用千兩黃金買通官員，救兒子小命，但長男有意見，說「長子是家督，大人不派，派少弟，是說我不肖，看不起我，我死給你們看！」母親也有意見（可能是西施吧），這下要死兩個兒子。可見大企業家，不一定能治家。

朱公不得已，只好派長男出行，並寫一封信要長子交給莊生這個人，同時叮嚀兒子：「到就把千金交給莊生，聽其所用，不要有任何意見。」這位莊生，應該是范蠡在楚的從政好友，按《史記》「正義」解，周元王四年（前四七二年），范蠡在齊，歸定陶，曾寄錢給莊生，可見這朋友不寬裕。

至楚，莊生家負郭，披藜藋到門，居甚貧，然長男發書進千金，如其父言。莊生曰：「可疾去矣，慎勿留！即弟出，勿問所以然。」長男既去，不過莊生而私留，以其私齎遺楚國貴人用事者。

莊生雖居窮閻，然以廉真聞於國，自楚王以下皆師尊之，及朱公進金，非有意受也，欲以成事後復歸之以為信耳。故金至，謂其婦曰：「此朱公之金，有如病不宿誡，後復歸，勿動。」而朱公長男不知其意，以為殊無短長也。（注八）

莊生家貧，長男依父言把千金錢和信給莊生，莊生說：「你趕快離開，不可留這兒，等弟弟一出來，什麼事也別問。」長男私自逗留，拿私房錢去打點另外管事的貴人。這莊生在楚國以清廉正直聞名，楚王以下皆尊他為師。他並不打算接受朱公的千金，準備事成後歸還朱公，告訴老婆不可動那筆錢，朱公長男不知其意，以為無關緊要。

莊生閒時入見楚王，言「某星宿某，此則害於楚。」楚王素信莊生，曰：「今為奈何？」莊生曰：「獨以德為可以除之。」楚王曰：「生休矣，寡人將行之。」王乃使使者封三錢之府。楚貴人驚告朱公長男曰：「王且赦。」曰：「何以也？」

曰：「每王且赦，常封三錢之府，昨暮王使使封之。」朱公長男以為赦，弟固當出也，重千金虛棄莊生，無所為也，乃復見莊生。莊生驚曰：「若不去邪？」長男曰：「固未也，初為事弟，弟今議自赦，故辭生去。」莊生知其意欲復得其金，曰：「若自入室取金。」長男即自入室取金持去，獨自歡幸。（注九）

故事說到這裡，大概有人似曾聽過，原來這是陶朱公的故事，真有其事。聖人也有兒子當殺人犯，不知此時母親是不是西施？莊生入見楚王，說天象有難，建議大赦人犯以去除天災，楚王同意。引文提到「每王且赦，當封三錢之府」，乃怕人逆知有赦，盜竊之也，所以封錢府。朱公長男得知此事，心想反正要大赦，弟定能平安出來，那千金豈不白費了，設法到莊生家又拿了回來。

莊生羞為兒子所賣，乃入見楚王曰：「臣前言某星事，王言欲以修德報之，今臣出，道路皆言陶之富人朱公子殺人囚楚，其家多持金錢賂王左右，故王非能恤楚國而赦，乃以朱公子故也。」楚王大怒曰：「寡人雖不德耳，奈何以朱公子故而施惠乎！」令論殺朱公子，明日遂下赦令，朱公長男竟持莫弟喪歸。

> 至，其母及邑人盡哀之，唯朱公獨笑曰：「吾固知必殺其弟也！彼非不愛其弟，顧有所不能忍者也。是少與我俱，見昔，為生難，故重棄財。至如少弟者，生而見我富，乘堅驅良逐狡兔，豈知財所從來，故輕棄之，非所惜吝。前日吾所為欲遣少子，因為其能棄財故也。而長者不能，故卒以殺其弟，事之理也，無足悲者，吾日夜固以望其喪之來也。」（注一〇）

莊生又入見楚王說：「前次提到大赦的事，今臣在外聽到人民在議論，朱公之子殺人囚於楚，其家以重金收買王左右，所以王非為楚國而赦，為陶公子而赦也。」楚王大怒說：「我雖不德，還不會因朱公子而施惠！」乃下令先殺朱公子，再大赦令。於是，朱公長男沒救到弟弟，還帶弟喪回家。說來莊生也不對，他等於決定了人犯生死。

回到家，大家都喪心，只有朱公獨笑說了那段話，當初派少弟，因少弟出生就活在富裕中，千金在心中不是什麼大財，能輕而易舉放棄不要；而長男不行，長男出生，陶朱公尚在辛苦打拼，故看錢很重，那裡能虛棄那千金?故弟必死，這是事理的必然，別傷心了！

這是陶朱公的家事，家家有本難念的經，太史公最後給他很高評價：「故范蠡三徙，成名於天下，非苟去而已，所止必成名，卒老死於陶，故世傳曰陶朱公……范蠡三遷皆有榮名，名垂後世。臣主若此，欲毋顯得乎！」，他在兵法之用，又是千古二人（另一孫子）。

吾國歷史又封范蠡「商聖」和「文財神」，可見在商界和常民文化有崇高之地位，中國歷史上精彩故事很多，而范蠡的傳奇一生是屬特獨一型。

**注釋：**

注　一：漢．司馬遷，《史記》（台北：宏業書局，民國七十九年十月十五日），頁一七五二。

注　二：同注一，頁一七五二—七一五三。

注　三：同注一，頁一七四六—一七四七。

注　四：張其昀，《中華五千年史》第三冊（台北：中國文化研究所，民國五十一年四月），頁一〇三（總四八九頁）。

注　五：同注四。

注　六：同注一，頁三二五七。

注　七：同注一，頁一七五三。

注　八：同注一，頁一七五四。

注　九：同注一，頁一七五四。

注一〇：同注一，頁一七五五。

# 第十章　范蠡致富研究與學習

## ——商聖財神之實務與操作

我國在春秋與戰國時代之紛亂過程中，南方一個幾乎就要滅亡的小國越國，由於大兵家范蠡輔佐越王勾踐，二十年間使越國快速崛起，消滅了大國吳國，迫使吳王夫差自殺，越國進而稱霸中原。周天子不得不封越王為「伯」爵位之國。這段「句踐復國」的故事，不論老少中國人，可以說人人都知道。

戰後的范蠡轉型成一個「輕重家」（商人），范蠡三徙，三致千金，三散其財。歷史上能「千金散盡復還來」，恐怕只有范蠡一人，李白只能在詩中表達。因而范蠡在中國歷史上又有商聖、財神、道商始祖的封號，他是中國古代的大企業家、大慈善家。

但關於范蠡的人生歷程，除佐「勾踐復國」一事有較詳盡的記錄，戰後他退隱，到齊、陶等地，經商致富實況經過，各種史書只見零星記錄，大多不詳。生卒年也沒有記錄可查，畢竟他是二千五百多年前的人。

范蠡，字少伯，楚之宛邑（今河南省南陽縣）三戶里人，他是計然弟子，精通「計然之術」（商務財經管理）。按兩岸學者研究，推論他出生於周景王二十五年（前五二〇年），大約十八歲時和文種一起投奔越國，卒於周貞定王二十二年（前四四七年），享年七十三歲。

隨著，中國的崛起，中國的富強指日可待，「中國夢」的願景甚合實際，現在中國人已非「吳下阿蒙」，中國人懂得賺錢了，因而「范蠡典範」的研究成為現代顯學。尤其對於他「如何」致富？賣甚麼致富？他的頭腦是怎樣思維的？所有想要致富的人都想要知道個中「真相」，以得到一點考貝、複製、學習或啟蒙的契機。

筆者針對這個核心價值和需要，從古籍和各類文本的零星論述，進行「范蠡致富研究與學習——商聖財神之實務與操作」之軟硬工程。畢竟，范蠡致富是范蠡的，若你得不到一絲學習，全是白做工；而范蠡的致富經營實務，若不能在你身上發揮一點「可操作性」，也如同滿紙空言，於你何益之有？何有利於你乎？范蠡致富與你何干？

# 壹、范蠡典範學習：成功致富擴張版圖的先決條件

莊周（莊子）有一天到了楚國，楚王派使臣來請他去作宰相。莊子一聽向使臣說：「有一隻大烏龜，在泥裡爬來爬去，怡然自得，享盡天年。又有一隻大烏龜，被人捉去宰了，肉被吃了，龜蓋做了占卜的材料，燒出卜文，刻上文字，放在廟堂上給人敬拜。我請問，哪一隻烏龜享福快樂？」使臣說：「當然是那隻泥裡爬的享福快樂。」莊子說：「請回去報告楚王，老莊寧願在泥裡爬。」

引這則故事的用意，是要提示「成功致富、擴張版圖」是有先決條件的，若無先決條件，當然就沒有成功之果。這並非說莊子沒有成功之果，莊子的成功之果是浮游於大自然中，與自然合一。而范蠡的成功之果是財富和權位，又隨時可以全部放下，回歸自然。歸納范蠡典範的學習，可以找到六個先決條件。

一、**基因性格：從文種三訪范蠡說起**：范蠡青少年時，鄉里間叫他「小瘋子」，他經常裝瘋賣傻，宛邑令(縣長)文種三訪范蠡之年，年輕范蠡約十八歲。文種三訪范蠡和劉備三顧孔明情節類似，只是孔明出山已二十八歲，孔明為劉備提〈隆中對〉，范蠡於

文種第三次來訪，對他發表一篇簡潔的〈天下大勢與未來發展分析〉，歷史上稱〈宛邑對〉《越絕書》第七卷說：

> 蠡曰：「子胥負冤莫伸，因以挾弓矢干吳王，於是要君入吳，馮同相與，時共戒之。且君子違時，不入仇邦，忌反攻其故國也。為雪今日之恥，而又不失故國之親；無已，其往越乎！……霸業創立，非吳即越。君如去越，蠡願隨供犬馬之役。

《越絕書》記載，伍子胥派人遊說文種奔吳，可見文種也想離開腐敗的楚國，只是去吳或越，拿不定主意，問計於范蠡，幾句話清楚明白，彰顯自己的雄心壯志，吳是楚之仇邦，到吳未來可能「反攻故國」，祖國再爛還是祖國，故不能奔吳，「君如去越，蠡願供犬馬之役」。

筆者特別注意八個字，「霸業創立、非吳即越」。一個十八歲的年輕人，有如此清楚的思維和前瞻，企圖要創立霸業，且不入仇邦吳國，剩下奔越一途。如何解釋他為何有這樣的智慧？何來這樣的壯志？看來只有基因性格（個性）可以解釋，不是說個性決定前途命運嗎？此外是他受的教育，他是計然高徒。

**二、計然第子，名師出高徒：**對「名牌」的迷思可能是人性中的常態，例如對出身臺大或哈佛就會給他較高評價，戰國時代鬼谷子四大高徒（孫臏、龐涓、蘇秦、張儀），可謂縱橫各國，吃遍天下。計然是當時的商務財經管理專家，范蠡跟這位名師學到甚麼？滅了吳國後，范蠡曾說：「計然之策七，吾用其五，滅吳，已施於國，可施於家。」是什麼秘笈這麼厲害？

《史記》卷一二九〈貨殖列傳〉第六十九，「集解」說，計然者，范蠡之師也，葵丘濮上人，姓辛氏，字文子，其先晉國亡公子也。列傳有一段計然說：

> 計然曰：「知鬭則修補，時用則知物，二者形則萬貨之情可得而觀已……積著之理，務完物，無息幣。以物相貿易，腐敗而食之貨勿留，無敢居貴……貴出如糞土，賤取如珠玉，財幣欲其行如流水。修之十年，國富，厚賂戰士，士赴矢石，如渴得飲，遂報彊吳，觀兵中國，稱號五霸。」

原來「計然之術」是吾國最早的《國富論》，現代學者陳飛龍歸納計然經濟思想有五：(一)經濟循環說、(二)恐慌的預備(三)通習貨物的源流、(四)通暢貨源、增加收益、(五)維持貨物的合理價格。（注一）范蠡全學到了，已施於國，再施於個人商務經營，終於成就「商聖、財神」。

三、**風險管理**：范蠡三遷之動機或許可以很多解讀，從風險管理應該是動機之一，不論當企業家或兵法家，做好風險管理也是重要的先決素養。

他第一徙從楚奔越，當時楚國政局黑暗，忠臣、良將、孝子都被楚平王捉去斬了。亂邦不居阿！第二次在戰後離越，是他已警覺「狡兔以死，良犬就烹；敵國如滅，謀臣必亡。」他已從勾踐表情看出這樣的「徵候」。第三徙離開齊國也是齊王要他當宰相，他看出「不祥」之兆，很快把「企業總部」搬遷到定陶。

在他做各種生意過程中，都重視風險管理，可以這麼說「他從未被風險打敗」，他敢於「涉險取利」，而能一手控制風險。這是他能一再致富，重要的先決條件，他對「徵候」能準確判斷，來自對《孫子兵法》的素養。

四、**環境：在有錢的環境中才能賺到錢**：先來兩個假設，(一)把范蠡和比爾蓋茲放在現在的北韓或文革時的中國，能不能產生企業家？(二)同樣把這二人放在今之西方資本主義社會或今之中國（國家資本主義社會），結果有何不同？

兩個假設涉及諸多問題，例如西式資本主義為何沒有在中國發生？中國始終都重農輕商嗎?根據學者李達嘉研究,中國是從秦漢以後,歷代都實施重農抑商政策。(注二)在戰國時代各國普遍推行「富國強兵」政策,已形成相當程度的「自由市場」,而春秋時代各國也重商,這在《左傳》、《國語》都有記錄。

在各國的商業環境中,以齊國和周邊地區工商最為發達,這是管仲打下深厚的基礎。因此,范蠡的「第一桶金」,選擇到齊國開創「鴟夷子皮商號」,企業家的產生須要特定(先決)的環境(土壤)。在有錢的環境中,才能賺到錢,他到北韓能成就什麼?

**五、大功大業,千古未有之奇謀奇招:**研究范蠡一生行事風格,他能成大功立大業,三致千金,發現這一切就在他「創新創意創奇」的腦袋中,他已先具備了「成功立業致富」的基礎條件。尤其叫勾踐去嘗吳王夫差糞便,以取得信任和感動,可謂是古今中外千古未有之奇招奇謀,很厲害!很狠毒!很可怕!是真正的「東方不敗」!其他實例就不必多舉了。

**六、先有賺錢的腦袋,就到處有賺錢機會:**《東周列國誌》第八十一回〈美人計吳宮寵西施〉,記錄這則故事,話說他們在苧羅山下發現西施和鄭旦,勾踐命范蠡各以百金聘之。服以綺羅之衣,乘以重帷之車,國人慕美人之名,爭欲觀賞,道路為之壅塞。情況有如今之第一名模林志玲來了,人山人海爭相來看。

范蠡見此情況，靈機一動，把西施和鄭旦送到別館中，貼出公告曰：「欲見美人者，先輸金錢一文。」設櫃收錢。美人登朱樓，凭欄而立，自下望之，飄飄乎如仙女，如是三日，金錢滿滿數櫃，范蠡送交府庫，以充國用。「美女經濟」的操盤，范蠡大概也是始祖，他後來到齊和陶定，也是處處看到商機。

本文研究范蠡致富和學習，發現有六個致富立業的先決條件：(一)基因個性、(二)教育和專業、(三)風險管理、(四)環境生態、(五)創意創奇、(六)有商機的腦袋。想要成大功立大業的朋友，想要發大財賺大錢的經營者，你要先具備這「六項修練」。

## 貳、關於二徙「鴟夷子皮」商號品牌經營實況

按《史記》、《國語》之〈越語〉卷，都記載，范蠡離開越國，一行人到了今之山東臨淄渤海灣（上古萊子國地區），當時已屬齊國範圍。〈越語〉下曰：「范蠡浮海出齊，變姓名，自謂『鴟夷子皮』，耕於海畔，若身戮力，父子治產，居無幾何，致產數十萬……」。

鴟（音ㄔ），「鴟夷」是革囊，或曰生牛皮也。「鴟夷子皮」就是生牛皮做的袋子，

當初吳王夫差殺了伍子胥，把屍體盛在這種袋子中，沉之於江。

在歷史上，鴟夷子皮通常拿來盛酒或水，方便長途行旅之用。南宋辛棄疾有一首〈千念調〉的詞：

卮酒向人時，和氣先傾倒。
最要然然可可，萬事稱好。
觚稽坐上，更對鴟夷笑。

這裡的卮、觚稽都是一種斟酒器，鴟夷是指皮制的酒袋，通俗說就是牛皮酒囊、酒囊飯袋也。范蠡變姓名改叫「鴟夷子皮」，同時也是在齊這段時間的事業商號和品牌，一個在當時很通俗，可以貼近平民百姓的稱謂。

范蠡這個「鴟夷子皮」商號，有說是齊國當地已現成的貿易據點，被范蠡買下。（注三）也有說范蠡等家人夥伴在海邊煮完鹽，晚上大家吃飯喝酒，臨時起意取名。（注四）他的本意說是，他本是凡夫俗子，回歸本原，每天只是吃飯喝酒做生意，那些王公貴族看來就像是酒囊飯袋，當個小老百姓很好。

根據《史記》和各類古籍所述，鴟夷子皮也有紀念伍子胥之意。范蠡和伍子胥同為楚國人，子胥是吳國相國（後被伯嚭取代），一代忠臣，范蠡用離間之計並收買伯嚭，除掉了伍子胥，各為其主，不得已之舉，但內心對伍子胥有一種濃濃的惺惺相惜之感。吳王夫差令賜伍子胥自殺，雖是范蠡在謀略戰場上的勝利，內心則充滿愧疚和惋惜，伍子胥屍體被裝進「鴟夷子皮」沉入江底，現在就用這袋子為商號品牌，對伍子胥表達懷念和敬意。

渤海灣萊子國地區，自古就鹽場，這裡的人主要晒海鹽、煮海鹽為業，范蠡一行人到此也是煮鹽。人人都煮鹽，為何只有范蠡「煮」成企業家？這才是我們研究范蠡致富和學習的重點。

一、**范蠡到齊國的秘密和理想：**追尋管仲的足跡，是范蠡到齊的秘密和理想。管仲是先從商，後從政，輔佐齊桓公，富國強兵，使齊國稱霸天下；而范蠡先從政，後從商，也是輔佐越王稱霸天下，二人平手。在商場上，管仲經歷坎坷，並不得意；鴟夷子皮商號則才開始，他想要大顯身手，再創一次輝煌。

他對這次靠晒鹽實現理想深具信心，這種信心來自對商品（鹽）的內行，他在越國打造戰船，組建海軍，並與吳國打了中國史上第一次海戰，長期在越國海邊生活，也了解越人晒鹽，只是品質沒有齊鹽好。他對天下各國政經情勢、民情物產的了解，超過一般專家而達到相當的戰略高度。

二、**發現問題與擴大營業規模**：各家都在煮鹽，確是大家都還是貧窮，這是范蠡發現的問題，他花不少時間看了好幾個煮鹽村落，鹽民都窮。原因是各家都是「個體戶」，一個灶戶一口鍋，一條扁担兩只筐，煮出的鹽，要挑上百里路，挑到城裡賣，換回糧食和生活日用品，聊以餬口。再者，戰國紛亂，常有戰事發生，外地商賈來不了，或被壟斷剝削，鹽戶煮的鹽賣不出去，都是鹽民貧窮的原因。

發現問題所在，也發現潛在具大的商機，他知道內陸各國，特別是秦國、晉國，海鹽貴如金，只有王公貴族和富人吃得起。平民百姓只能吃井鹽，井鹽質差，又苦又澀，吃海鹽成了權力象徵。范蠡於是，把鹽民組織起來，宣布「鴟夷鹽行」以最好的價錢，收購所有鹽戶煮出來的鹽。不久「鴟夷鹽場」的大旗，在一望無際的渤海灣迎風飄揚，整個渤海灣的鹽戶都成了鴟夷鹽行的員工。

三、**國際貿易**、**山海特產**、**廣開分店**：范蠡帶著兩個兒子、重要幹部一行，數十輛馬車運著鹽，前往秦國都城咸陽市，會見「秦國第一富商顏如卿」，這是范顏二人談好的合作案，范蠡的海鹽在咸陽有專賣權，由顏如卿全部負責收購。鴟夷鹽場的鹽源源不斷運來，有如在咸陽開了分店。回程時，馬車運的是咸陽的皮毛、鐵器、農具、藥材、絲織品、竹工藝品等，在沿途的衛、宋、魯、齊等地出手賣出。

如是模式經營，幾年間，中原各國都有「鴟夷子皮」商行的貨物在流通，鹽以外還有各種山海產和民生品，他的財富已吸引各國主政者注意。

最先找上門的是齊平公的使者，要請鴟夷子皮去當宰相，范蠡有無任齊相，歷史上各有說法，此且不論。《史記》越王勾踐世家記載說，范蠡謂然嘆曰：「居家則致千金，居官則致卿相，此布衣之極也。久受尊名不祥。」於是散財搬家逃離，三徙止於陶。

## 參、關於三徙「陶朱公」商號品牌經營實況

從渤海灣遷到定陶，到底是齊王要請他去當宰相，范蠡驚覺「不祥」，臨時起意「偶然」間到了定陶，還是有計劃謀定而後動？推論是計劃性的，才合他一生的行事風格，他始終是「謀定出招」的人，他平時有備，眼光看得很遠，始終有很好的風險管理，準備預測未來風險。根據學者研究，范蠡往來宋、衛、齊、魯時，早已注意到產硫和陶器的定陶這地方，遲早要在這裡好好發揮！

一、**范蠡三徙止於陶**：根據學者研究推論，鴟夷子皮這塊商號，在齊國沒有經營太久，約八至九年左右，周貞定王四年（前四六五年）三徙到陶。（注五）而此時，他已是大約五十人「團隊」的領導，有家人、主僕、從越國就追隨的夥伴和他們的親人，有的乾脆入了范家族譜，這是一個團隊族人的遷徙。

陶（今山東省定陶縣），是陶山北方的城鎮。《括地志》說，「陶在濟州平陰縣東三十五里。」《史記．貨殖列傳》也說，「范蠡止於陶，以為此天下之中，交易有無之路通，為生可以致富。」還是要到好賺錢的地方，才能賺到大錢。

當時陶地確實居「天下之中」，四面八方都通諸侯之國。東是「多文采布帛魚鹽」之利的齊國，南通「桑麻之業」的魯國，西通魏韓秦，北接「魚鹽棗栗之饒」的燕趙。四周各國不同物產在陶地形成交流，互通有無。范蠡要在陶地創造出國際客商和貨品流通的集散中心。

二、**三年規劃「千金復還來」**：范蠡團隊到了陶地，他改叫「朱公」，商號就稱「陶朱公」，他透過政商關係買下大批山林土地湖泊等，規劃畜牧、養魚和各種建地之用。由這點可見范蠡的人脈關係和財富是有延續性的，並非傳說中「散盡」（歸零），到另一地再從零開始。當然，最大的財富是從越國出奔，就有一批「死忠粉絲」跟隨，其中之一是越國「海軍指揮官」。

陶朱公到定陶做出三年計畫，要在三年內「千金復還來」：一年收回成本，兩年開始營利，三年發家致富。開始進行的經營項目，大約從種栽果樹、經濟木種、養魚、六畜養殖場、屠宰、皮毛、釀造、草編等。有資料顯示，他組織馬車隊，運貨到南方，而在秦國的「物流」事業也持續著。

陶地的另兩項事業是燒陶，產出各種陶器，還有陶地盛產的朱砂加工，是早在鴟夷子皮時期往來各地已發現的，陶朱公也緊抓這個商機。朱砂加工製成的染料和印泥，是中國人的最愛，各國都在大興土木，很多建築都刷上最受歡迎的紅色。

陶朱公商號儼然是百貨業，三年多他的貨品流通各國，「陶朱公」成為當時「國際名牌」。而「陶朱公製」，就如今天「中國製」產品，佔領當時的國際市場。

三、**一場生絲價格大戰與官商關係：**古來商場如戰場，光有商業頭腦不夠，還要有大戰略智慧，這是范蠡從商從政都得意的兩種智慧。有時候靈活的手段和「非常關係」的運用，好像也是古今成功立業者的重要大法。

陶朱公事業版圖擴張太快，竟然也開始收購生絲，不久規模足以威脅陶地原已經營生絲買賣的富商叫周源。按周源所思，這個異鄉來的陶朱公在搶自己的生意，他決定打一場價格戰，仗著自己對生絲的熟路，要使陶朱公在生絲業不能立足。因此，他把生絲收購價提高到二百錢一石。

陶朱公心知肚明，提高到二百一十錢一石，幾天後周源出手二百二十錢。一來一往間，最後周源高到二百七十錢一石，這時陶朱公手上有三百多石，周源有七百多石，陶朱公卻不追高了，反而化整為零讓三百多石生絲流向周源。陶朱公以高價全部脫手，讓周源擁有一千多石生絲，周源正高興以為打了勝仗，但正高興間齊魯戰爭爆發，水陸交通全被封死。

如此一來，周源大批積壓的生絲在手，偏偏生絲不能久放，久了發黃不值錢，會是巨大的損失。周源也覺驚奇，是不是陶朱公有天眼，可以預測齊魯戰爭要爆發？確實如是，這不過是陶朱公的戰略常識，否則「兵法家」之名何來？

周源不得已，只好找上陶朱公。陶朱工願意幫忙，條件是價格只能一百一十錢一石，周源只能以減少損失答應成交，一千多石生絲又回到陶朱公手上。陶朱公算準齊魯戰前，他先打這場生絲戰有兩個理由，逼迫對手哄抬物價，使對手走進死角，再者戰爭也是商機。

原來陶朱公找上齊國水陸戒嚴大將軍閭邱亮，用他的戰船運生絲到萊子國，所得利潤一半給將軍。由於這樣的合作關係，一千多石生絲很快運到萊子國，獲利十八萬多，陶朱公不食言分一半給將軍，閭邱亮大喜，慫恿乘戒嚴多做幾趟生意。陶朱公大批收購，一個月間運了五船生絲到萊子國，發了不少橫財，將軍當然也發財了。

**四、賑災，生意人要富行其德：**范黎參與賑災的記錄有兩次，第一次是鴟夷子皮時期，渤海灣發生大颱風，各地災情慘重。第二次是陶朱公時期，在齊、魯、晉地區發生旱災。在兩次賑災過程中，范蠡把一車車米糧、藥品、民生品，都運往災區，令員工全部停止營業，改到災區建立救濟站，現場供給熱食等。弄到兒子有意見，當兒子的都怕「遺產」花光了，少了！

范蠡訓兒子一頓說，生意人要富行其德，樂善好施，眼睛不能只盯著錢，我們做大生意的要懂得化智為利，化智為義；我們從百姓賺錢，百姓平安生活，還怕沒錢賺嗎？

## 肆、從「鴟夷子皮」到「陶朱公」致富法則與學習

研究范蠡一生全部經歷，從他年輕時從楚奔越，二十多年間實現十八歲所說的「霸業」，助越王復國，為祖國消滅仇邦吳國。之後成為一個商人，做甚麼都發，賣什麼都

賺，能致千金也能散財。金錢對於他，似乎「呼之則來、揮之則去」，提起放下間如老莊在世，難怪他成為「道商」始祖。從他的生命歷程中，歸納出幾項致富操作，以供學習，若可以，你也能比照複製操作。

一、**貴出如糞土，賤取如珠玉：低價買入、高價賣出**。范蠡做的生意類似今之期貨商品，買低賣高，在《史記》貨殖列傳記載范蠡曰：「論其有餘不足，則知貴賤。貴上極則反賤，賤下極則反貴。貴出如糞土，賤出如金玉。」《國語・越語下》也提到范蠡說：「從時者，猶救火、追亡人也，蹶而趨之，唯恐弗及」、「得時無怠，時不再來，天予不取，反為之災。」

買低賣高，千古不易真理，同今之股票黃金房地產等買賣，不難學習，操作簡易。但為何千古以來，只出現一位商聖財神范蠡？

二、**旱則資舟、水則資車：預測市場需求，備貨待客**。為「與時爭利」，范蠡很主張要能提早預測市場需求，在市場發生變化前，就要備好客戶所要，要讓貨等客，不能叫客等貨，如此才能及時滿足市場需求。

范蠡只是以舟、車為例，說明組織商品採購時要有預見性，洞察市場行情。這得有敏銳的觀察力和準確的判斷力，應是致富大法之一。

三、**候時轉物，逐什一之利：預測天時，提前囤積，進行倒賣**。范蠡很早善於觀察天象，曾提出天時循環規律，「六歲穰，六歲旱，十二歲一大飢。」掌握天時規律，范蠡先用於戰爭，乘吳國大旱、糧食奇缺，對吳國發動戰爭，政經很多時候是相通的。

范蠡經商不光看天道，他更善於結合地道、人道，都融會在經商理財方面，把兵法家的智慧轉化為商計，發揮了計然商道。

**四、人取我予，人予我取：人需要的我給，人給我的我拿**。這句話是儒商子貢拜訪范蠡所說，范蠡表示和自己一生所思所行不謀而合，語意看似有些形而上，也不難領悟，生絲價格戰正是典型的「人取我予、人予我取」。

**五、務完物、無息幣：品質保證和資金流動**：在《史記》貨殖列傳提到，范蠡「務完物，無息幣」。用現代語言解釋，「務完物」就是品質保證，「無息幣」是不要讓手上的資金閒置停滯不用，要使其如流水流通，貨幣和商品都通了，市場就活絡了。

研究范蠡一生致富的門道，發現他對貨物交換過程中如何取利？他在資金週轉率和貨物品質間關係，他已看得十分透徹。十萬資金不動過百歲仍十萬，加快周轉則利百萬矣，范蠡能，你也可以！

六、**微利是圖，無敢居貴：薄利多銷，擴大市場**。范蠡做任何生意，很講究薄利多銷，「逐什一之利」是他的名言，就是只賺十分之一的利潤，范蠡認為薄利多銷，更能擴大市場佔有率。

「微利」看似賺不多，但佔有擴大市場便能成其大業。生意場上看大未必大，看小未必小，范蠡真有獨到之慧眼，真是「牛眼視青草，慧眼視珠寶」。

**七、多元經營，綜合開發：百貨公司現代企業始祖**。犯離到底經營多少產業？史料有記載，畜牧（畜五牸）、水產（養魚，文獻記載范蠡是養魚專家）、鹽業、車船製造和運輸、陶瓷和加工（范蠡是陶瓷業祖神）、南北貨（范蠡也是南北貨業祖神）、糧食（范蠡也是糧食業祖神）、珠寶、皮毛加工、信貸、投資、旅遊、慈善、種竹種經濟樹種……當時中原地區各種產業，還看不出那些范蠡沒有涉入的。他真是綜合百貨企業之始祖。

魯國有個叫猗頓的人，種田越種越窮，改種桑收成差到衣不蔽體，求教於范蠡。陶朱公對他說：「想在短時間致富，最好養五牸（音子，雌性牲畜）。」范蠡就提供他種畜並輔導他在「西河」之地飼養。結果才十年，猗頓資產和王公比肩。

## 伍、關於范蠡的《養魚經》和《致富奇書》

人類歷史上能進「聖」位的人極少，億中難得其一，范蠡正是中國「商聖」，伍子胥封他「聖臣」，民間封為財神，陶業糧食南北貨業之祖神，先秦兵法家，中國海軍始祖。這麼多偉大的封號，卻沒有完整著作留下，甚為可惜。《漢書藝文志》記錄有范蠡兵學兩篇，也都失傳，他的兵法政經道學思想，僅有語錄形式散見各類古籍。

在經商致富方面比較可靠的作品，是《養魚經》和《致富奇書》。但也因兩千多年了，難以完整和完善，這可能也和秦漢後「重農輕商」有關，或被秦始皇燒了。

《養魚經》根據學者考證研究，確實范蠡所寫，是史上第一本講解淡水養魚的科普教材。目前所知《養魚經》是漢代「傳抄本」，收錄在《齊民要術》中，引其部分文字如下（注六）

> 威王曰：「聞公在湖為漁父，在齊為鴟夷子皮，在西戎為赤精子，在越為范蠡，有之乎？」朱公曰：「有之。」王曰：「公任足千萬家，累億金，何術？」朱公曰：「夫治生之法有五，水畜第一。水畜，所謂魚池也。以六畝地為池，池中有

九洲。求懷子鯉魚長三尺者二十頭……神守者，鱉也……所以養鯉者，鯉不相食……

《養魚經》記錄范蠡養魚經驗、技巧和方法，透露致富五法中，淡水養殖排第一位，也解說養殖漁的原因和成本利潤分析。從王曰「累億金」，印證范蠡財富達到「億金」，應該是那時的「世界首富」。

《致富奇書》相傳是范蠡晚年所寫，他敬佩的孔子、老子和孫子三人，都有著作傳世，他也要留下一本《致富奇書》，這是他的最愛。傳言書成之後，一時「中原紙貴」，當時沒紙，刻記在竹簡上，應該也是中國最早的「暢銷書」。

可惜經過二千多年，現在只剩題綱，理財致富十二戒：「勿鄙陋，勿虛華，勿優柔，勿強辯，勿懶惰，勿固執，勿輕出，勿貪賒，勿爭趣，勿薄蓄，勿昧時，勿癡貨。」（注七）

## 小結

民間流傳不少范蠡經營致富口訣，包含〈理財致富十二法則〉、〈理財致富十二戒律〉、〈商場十六教訓〉、〈經商十八法〉。根據各種研究，這些口訣是明朝才有，顯見是後人根據范蠡經驗整理出來。

民間另一個流傳最廣的故事，是他和西施的關係，到底西施最後有沒有成為「范太太」？就永遠留在想像世界中，給人美的想像。筆者仍將范蠡回歸他的本體「道商」始祖，是他最正確的地位。

隨著中國政經發展日愈強盛，二〇一五年五月，國際道商文化研究院在「上海首屆道商產業發展論壇」，發布「道商」一詞國際通用英文名詞「Daosun」。相信道商內涵，范蠡精神，將在未來中國人創造全球財富，運轉財富過程中，如太陽般的光熱和力量。

這種光熱和力量，表面上看起來：大智若愚、大巧若拙、大勇若怯、大白若辱、大成若缺、大方無隅、大用無用、大為無為、大名無名。

從夫差的眼睛看，范蠡已經是一頭無用的豬，結果……讀者客官，你的眼睛看到甚麼？

## 注釋

注一：陳飛龍，〈計然其人其事及其思想〉，《人文學報》，其他出版資料不計。

注二：李達嘉，〈從抑商到重商：思想與政策的考察〉，《中央研究院近代史研究所集刊》第82期（中研究近史所：民國一零二年十二月），頁一——五二。

注三：雷蕾，《千秋商祖——范蠡》（臺北：信實文化行銷有限公司，二〇一一年九月），第五章，頁二五五。

注四：余耀華，《范蠡：從兵家奇才到東方商聖》（北京：新華出版社，二〇一六年十二月），第五章，頁二四二。

注五：同注三，頁三四八。

注六：同注三，頁三五八——三五九。

注七：同注三，頁三二五。

# 附錄一

## 范蠡的生命歷程與相關列國情勢大事年表

| 年代 | | | 范蠡生命歷程大事紀要 | 相關列國情勢大事紀要 |
| --- | --- | --- | --- | --- |
| 西元（前） | 周朝紀元 | 戰國紀年 | | |
| 五二三 | 景王廿三年 | | | △孔子至京師，既而返魯。<br>△三月：楚太子建奔宋。楚王殺其傅伍奢及子尚，伍員（子胥）奔吳。 |
| 五二〇 | 景王廿五年 | 楚平王九年 | △范蠡出生（判斷） | |
| 五一七 | 敬王三年 | | | △大兵法家孫子奔吳。 |
| 五一五 | 敬王五年 | | | △吳公子光，以伍子胥計，用殺手專諸刺殺王僚，光自立為吳王闔閭（廬）。 |
| 五一二 | 敬王八年 | | | △伍子胥荐孫子給吳王。 |
| 五一一 | 敬王九年 | | | △楚殺大夫伯州犂，其孫伯嚭奔吳。 |
| 五一〇 | 敬王十年 | 楚昭王六年<br>吳闔閭五年 | △文種、范蠡奔越（第一種說法）。 | |
| 五〇六 | 敬王十四年 | 楚昭王十年<br>吳闔閭九年 | △文種到任楚國宛邑（縣長）。 | △吳伐楚入郢，楚王敗逃。 |

| | | | | |
|---|---|---|---|---|
| 五〇五 | 敬王十五年 | 楚昭王十一年<br>吳闔閭十年 | | △楚大夫申包胥引秦軍救楚，吳軍敗還。 |
| 五〇二 | 敬王十八年 | 楚昭王十四年 | △文種、范蠡入越（第二種說法），時范蠡十八歲。<br>△越王允常安排范蠡到民間做國情調查。 | |
| 五〇一 | 敬王十九年 | | △范蠡持續在越民間生活，並做國情調查長達五年。 | |
| 四九六 | 敬王二四年 | 越勾踐元年 | △越王允常卒，勾踐嗣位，范蠡正式成為越國大夫。 | △越王允常卒，吳王闔閭伐之，吳敗，闔閭傷卒。 |
| 四九五 | 敬王二五年 | 吳夫差元年<br>越勾踐二年 | | △吳夫差令伯嚭為太宰。 |
| 四九四 | 敬王二六年 | 吳夫差二年<br>越勾踐三年 | △越王勾踐伐吳，戰於夫椒（江蘇吳縣），越軍潰，范蠡乞降解困，條件是勾踐、范蠡入吳為夫差服勞役（實為奴），是年六月入吳。 | |
| 四九二 | 敬王二八年 | 吳夫差四年<br>越勾踐五年 | △范蠡叫勾踐嘗夫差糞便，測健康狀況，以得到感動和信任，真乃千古之奇謀。 | △夫差生病。 |
| 四九一 | 敬王二九年 | 吳夫差五年<br>越勾踐六年 | △吳夫差釋范蠡、勾踐歸越，時為正月。<br>△范蠡為勾踐訂「十年生聚、十年教訓」之復國大計。 | |

| | | | | |
|---|---|---|---|---|
| 四八九 | 敬王三一年 | 吳夫差七年<br>越勾踐八年 | △勾踐謀伐吳，范蠡以時機未至，止之。 | △吳夫差打通北進之路，出兵伐陳國，並與魯有戰事。 |
| 四八八 | 敬王三二年 | 魯哀公七年<br>吳夫差八年 | | △夏，吳夫差和魯哀公，會於鄫城（山東嶧縣）。 |
| 四八七 | 敬王三三年 | 魯哀公八年<br>吳夫差九年 | | △吳攻魯救邾，魯敗乞和，盟於萊門（魯都城門） |
| 四八六 | 敬王三四年 | 魯哀公九年<br>越勾踐十一年<br>吳夫差十年 | △勾踐欲起兵伐吳，范蠡再勸阻。 | △吳建邗溝（淮河至長江間運河），準備北進。 |
| 四八五 | 敬王三五年 | 越勾踐十二年 | | △越獻美女西施、鄭旦於吳王夫差。 |
| 四八四 | 敬王三六年 | 吳夫差十二年<br>越勾踐十三年 | △勾踐、范蠡，運大批物資財寶到吳朝拜，助吳軍北進聲勢，吳君臣除伍子胥外，全被越收買。<br>△范蠡到曲阜秘訪孔子和魯君，不久孔子派子貢使吳，說服吳伐齊，救魯助越。 | △伯嚭誣陷伍子胥「賣吳」，夫差賜劍令自殺。<br>△吳、魯聯軍於艾陵（山東萊蕪），大敗齊軍。<br>△孔子在衛，遣弟子端木賜說吳攻齊救魯。 |
| 四八三 | 敬王三七年 | 吳夫差十三年<br>衛出公十年 | | △吳夫差、衛出公衛輒，會於鄖城（江蘇如皋），衛曾殺吳使者且姚，吳夫差囚衛輒，尋又釋歸。 |
| 四八二 | 敬王三八年 | 吳夫差十四年<br>越勾踐十五年<br>魯哀公十三年<br>晉定公三十年 | △越乘吳軍在黃池，於春季發動攻吳之戰，焚吳都姑蘇，擒吳太子吳友，夫差引軍還，戰不利，向越求和，范蠡提「和談戰略」。 | △吳會晉、周、魯，於黃池（河南封邱）。 |

| | | | | |
|---|---|---|---|---|
| 四八一 | 敬王三九年 | 越勾踐十六年 | | △春秋時代終（前七二二年起，共二百四十二年） |
| 四八〇 | 敬王四〇年 | 魯哀公十五年 | | △戰國時代始（到前二二一年，共二百六十年）<br>△大兵法家孫子逝世。 |
| 四七八 | 敬王四二年 | 吳夫差十八年<br>越勾踐十九年 | △三月：越伐吳「笠澤之戰」（江蘇松江），吳軍大敗。<br>△楚使申包胥訪越，言助越滅吳。 | △吳發生大旱。 |
| 四七七 | 敬王四三年 | 吳夫差十九年<br>越勾踐二十年 | △越軍圍困吳都。 | |
| 四七六 | 敬王四四年 | 趙惠王十三年 | △越攻楚，楚軍追越軍至冥城（河南信陽），不及而還。 | |
| 四七五 | 元王元年 | | △越再大舉攻吳，圍吳王於西城（即越城）。 | |
| 四七三 | 元王三年 | 吳夫差二三<br>越勾踐二四年<br>齊平公八年 | △范蠡「擊鼓興師」，圍困吳王夫差於姑蘇山上，迫夫差自殺，吳國亡。是時十一月丁卯日。<br>△越誅吳太宰嚭，以其不忠。 | |
| 四七二 | 元王四年 | 越勾踐二五年<br>齊平公九年 | △范蠡出奔（或前一年）。<br>△范蠡在齊，曾寄錢給在楚國的一個老友莊生。 | |

| | | | | |
|---|---|---|---|---|
| 四六八 | 貞定王元年 | | | △越自（浙江）諸暨遷都瑯琊（山東諸城），築觀台以望東海。 |
| 四六五 | 貞定王四年 | 魯悼公三年<br>宋昭公四年 | △范蠡三徙到陶。 | △越王姒勾踐卒，子姒石與嗣位。 |
| 四五九 | 貞定王十年 | | | △越王姒石與卒，子姒不壽嗣位，是為盲姑。 |
| 四五三 | 貞定王十六年 | 晉哀公五年<br>趙惠王三六年 | | △晉大夫韓、趙、魏反攻知襄子荀瑤，晉陽圍解，屠滅知氏宗族，瓜分其地。韓趙魏三家共執晉國朝政，是謂「三晉」。 |
| 四四七 | 貞定王二二年 | 宋昭公二二年<br>趙惠王四二年 | △范蠡卒。 | △楚攻蔡，蔡國亡。 |

# 附錄二 民間流傳范蠡經商口訣

## 理財致富十二法則

又稱「范蠡經商十二法則」，講發達致富十二大法。

一、能識人，知人善惡，帳目不負。

二、能接納，禮文相待，交關者眾。

三、能安業，厭故喜新，商賈大病。

四、能整頓，貨物整齊，奪人心目。

五、能敏捷，猶豫不決，終歸無成。

六、能討帳，勤謹不怠，取討自多。

七、能用人，因人器使，任事有賴。

八、能辯論，生財有道，闡發愚蒙。

九、能辨貨，置貨不苟，蝕本便輕。

十、能知機，售貯隨時，可稱名哲。

十一、能倡率，躬行以律，親感自生。

十二、能遠數，多寡寬緊，酌中而行。

## 理財致富十二戒律

「理財致富十二戒律」簡稱「十二律」，又稱「范蠡理財致富十二戒律」，為《商人之寶》之一，它是范蠡關於經商理財、發家致富的主要禁律、忌條。

一、勿鄙陋，應納無文，交關不至。

二、勿優柔，胸無果敢，經營不振。

三、勿虛華，用度無節，破敗之端。

四、勿強辯，暴以待人，禍患難免。

五、勿懶惰，取討不力，帳目無有。

六、勿輕出，貨物輕出，血本必虧。

七、勿急趨，貨重爭趨，須防跌價。

八、勿昧時，依時貯發，各有常道。

九、勿固執，拘執不通，便成枯木。

十、勿貪賒，貪賒多估，承賣莫結。

十一、勿薄蓄，貨賤貯積，恢復必速。

十二、勿癡貨，優劣不分，貽害非淺。

**商場教訓**

「商場教訓」又稱「范蠡商場教訓」，為《商人之寶》之一，是范蠡具體到商業經營方面的訓條、忠告。

一、生意要勤緊，懶惰則百事廢。

二、接納要溫和，躁暴則交易少。
三、議價要訂明，含糊則爭執多。
四、帳目要稽查，懶惰則資本滯。
五、貨物要整理，散漫則必廢殘。
六、出納要謹慎，大意則錯漏多。
七、期限要約定，延遲則信用失。
八、臨事要盡責，放棄則受害大。
九、用度要節儉，奢侈則用途竭。
十、買賣要隨時，挨延則機宜失。
十一、賒欠要識人，濫出則血本虧。
十二、優劣要分清，苟且則必糊塗。
十三、用人要方正，詭譎則受其累。
十四、貨物要面驗，濫收則售價低。
十五、錢財要清楚，糊塗則弊竇生。
十六、主心要鎮定，妄作則誤事多。

## 經商十八法

「經商十八法」又名「十八法」、「降龍十八掌」、「范蠡經商十八法」。從內容及句式看，它與「商場教訓」相似，不同之處在於它篇幅稍長一些而已。

一、生意要勤快，切勿懶惰；懶惰則百事廢。

二、議價要訂明，切勿含糊；含糊則爭執多。

三、用度要節儉，切勿奢華；奢侈則錢財竭。

四、賒欠要識人，切勿濫出；濫出則血本虧。

五、貨物要面驗，切勿濫入；濫入則貨價減。

六、出入要謹慎，切勿濫草；濫草則錯誤多。

七、用人要方正，切勿歪斜；歪斜則託付難。

八、優劣要細分，切勿混淆；混淆則消耗大。

九、貨物要修整，切勿散漫；散漫則查點難。

十、期限要約定，切勿馬虎；馬虎則失信用。
十一、買賣要隨時，切勿拖延；拖延則失良機。
十二、錢財要明慎，切勿糊塗；糊塗則弊端多。
十三、臨事要盡責，切勿妄托；妄托則受害大。
十四、帳目要稽查，切勿懈怠；懈怠則資本滯。
十五、接納要謙和，切勿暴躁；暴躁則交易少。
十六、主心要安靜，切勿妄動；妄動則誤事多。
十七、工作要精細，切勿粗糙；粗糙則出劣品。
十八、談話要規矩，切勿浮躁；浮躁則失事多。

# 附錄三　詠范蠡西施詩詞集萃

**景陽井**　唐・李商隱

景陽宮井剩堪悲，不盡龍鸞誓死期。
腸斷吳王宮外水，濁泥猶得葬西施。

**館娃宮懷古二首**　唐・皮日休

**其一**

綺閣飄香下太湖，亂兵侵曉上姑蘇。
越王大有堪羞處，只把西施賺得吳。

**其二**

響屧廊中金玉步，采香徑裡綺羅身。

不知水葬歸何處，溪月彎彎欲效顰。

## 西施詠 唐·王維

艷色天下重，西施寧久微。
朝為越溪女，暮作吳宮妃。
賤日豈殊眾，貴來方悟稀。
邀人傅脂粉，不自著羅衣。
君寵益嬌態，君憐無是非。
當時浣紗伴，莫得同車歸。
持謝鄰家子，效顰安可希。

## 西施 唐·李白

西施越溪女，出自苧蘿山。
秀色掩今古，荷花羞玉顏。
浣紗弄碧水，自與清波閒。
皓齒信難開，沉吟碧雲間。

勾踐征絕豔，揚蛾入吳關。
提攜館娃宮，杳渺詎可攀。
一破夫差國，千秋竟不還。

**烏棲曲**　唐・李白

姑蘇臺上烏棲時，
吳王宮裡醉西施。
吳歌楚舞歡未畢，
青山欲銜半邊日。
銀箭金壺漏水多，
起看秋月墜江波。
東方漸高奈樂何！

**子夜四時歌　摘**　唐・李白

**春歌**

秦地羅敷女，采桑綠水邊。

素手青條上，紅妝白日鮮。
蠶飢妾欲去，五馬莫留連。

## 夏歌

鏡湖三百里，菡萏發荷花。
五月西施采，人看隘若耶。
回舟不待月，歸去越王家。

## 玉壺吟 摘 唐・李白

西施宜笑復宜顰，醜女效之徒累身。
均王雖愛蛾眉好，無奈宮中妒殺人！

## 美人梳頭歌 唐・李賀

西施曉夢綃帳寒，香鬟墮髻半沉檀。
轆轤咿啞轉鳴玉，驚起芙蓉睡新足。
雙鸞開鏡秋水光，解鬟臨鏡立象床。

一編香絲雲撒地，玉釵落處無聲膩。
纖手卻盤老鴉色，翠滑寶釵簪不得。
春風爛熳惱嬌慵，十八鬟多無氣力。
妝成鬟鬌欹不斜，雲裾數步踏雁沙。
背人不語向何處？下階自折櫻桃花。

**西施**　唐・羅隱

家國興亡自有時，吳人何苦怨西施。
西施若解傾吳國，越國亡來又是誰？

**經范蠡舊居**　唐・張蠙

一變姓名離百越，越城猶在范家無。
他人不識扁舟意，卻笑輕生泛五湖。

**范蠡扁舟**　宋・王十朋

久與君王共苦辛，功成身退肯逡巡。

五湖渺渺煙波闊，誰是扁舟第一人。

**范蠡湖**　宋・張堯同

少伯曾居此，螺紋吐彩絲。
一奩秋鏡好，猶可照西施。

**范蠡宅**　元・成廷珪

淡淡寒雲鶴影邊，荒阡故宅忽多年。
大夫已賜乎吳劍，西子還隨去越船。
白日撐空留罔象，青松落井化蜿蜒。
徒憐此地無章甫，只解區區學計然。

**妝臺弔西施**　明・徐霖

苧蘿村畔輦歸時，翟茀褕衣恨到遲。
別院笙歌憐故土，空臺麋鹿愴新知。
傾城豈是紅顏妬，沉骨堪為玉貌悲。

鳥啄越王恩自薄，幽魂千載重離思。

**題范少伯祀** 清・朱素臣

應羡功成身退無，湖流猶把姓名呼。
千秋不乏奇男子，高識誰能及大夫。

**西施** 清・曹雪芹

一代傾城逐浪花，吳宮空自憶兒家。
效顰莫笑東村女，頭白溪邊尚浣紗。

# 參考書目


1. 《中國戰史大辭典：人物之部》（台北：國防部史政編譯局，民國八十一年六月三十日）。
2. 張其昀，《中國五千年史》第三冊（台北：中國文化研究所，民國五十一年四月）。
3. 戴月芳編，《中國全記錄》（台北：錦繡出版社，民國七十九年七月）。
4. 《中國歷代戰爭史》第二冊（台北：黎明文化事業公司，民國六十五年十月）。
5. 李永熾編，《中國歷史圖說》（台北：新新文化出版公司，民國六十七年十二月）。
6. 《中國戰史大辭典：戰役之部》（台北：國防部史政編譯局，民國七十八年六月）。
7. 李震，《中國歷代戰爭史話》（台北：黎明文化事業公司，民國七十四年十月）。
8. 張曉生、劉文顏，《中國古代戰爭通覽》（台北：雲龍出版社，民國七十九年七月）。
9. 陳致平，《中華通史》第一冊（台北：黎明文化事業公司，民國六十七年四月五日）。

10. 任映滄，《歷代中興復國史述要》（台北：正中書局，民國五十年四月）。
11. 徐培根，《中國國防思想史》（台北：中央文物供應社，民國七十二年六月）。
12. 李則芬，《中外戰爭全史》第一冊（台北：黎明文化事業公司，民國七十四年一月）。
13. 鈕先鍾，《中國歷史中的決定性會戰》（台北：麥田出版社，二〇〇三年五月）。
14. 陳福成，《中國歷代戰爭新詮》（台北：時英出版社，二〇〇六年七月）。
15. 陳福成，《中國四大兵法家新詮》（台北：時英出版社，二〇〇六年九月）。
16. 陳福成，《孫子實戰經驗研究》（台北：黎明文化事業公司，民國九十二年七月）。
17. 漢．袁康、吳平撰，《越絕書》（台北：世界書局，民國五十一年十一月）。
18. 漢．司馬遷，《史記》（台北：宏業書局，民國七十九年十月十五日）。
19. 柏楊，《中國帝王皇后親王公主世系錄》（上冊）（台北：星光出版社，出版年代不詳）。
20. 柏楊，《中國歷史年表》（上冊）（台北：星光出版社，出版年代不詳）。
21. 明．余邵魚，《東周列國誌》（台北：大台北出版社，民國七十五年五月）。
22. 賴榕祥，《中國歷代治亂興亡史》（台北：大行出版社，民國七十七年二月）。
23. 彭桂芳，《唐山過台灣的故事》（台北：青年戰士報社，民國七十年十月）。

24. 黃浩然，《中國古代兵學思想》（高雄：黃埔出版社，民國四十八年五月一）。
25. 慧明，《觀世音菩薩》（圖解）（台北：海鴿文化出版公司，二〇一五年二月一日）。
26. 陳福成，《嚴謹與浪漫之間》（台北：文史哲出版社，二〇一三年三月）。
27. 費駿良，《伍子胥傳》（台北：國際文化事業公司，一九八六年八月）。

關於本書所用春秋時代武器、裝備、兵陣、人物、作戰圖。古蹟等，與本書相關、有關戰爭圖照之引用，均引自〈參考書目〉編號前六本。

# 陳福成著作全編總目

**壹、兩岸關係**
決戰閏八月
防衛大台灣
解開兩岸十大弔詭
大陸政策與兩岸關係
**貳、國家安全**
國家安全與情治機關的弔詭
國家安全與戰略關係
國家安全論壇。
**參、中國學四部曲**
中國歷代戰爭新詮
中國近代黨派發展研究新詮
中國政治思想新詮
中國四大兵法家新詮：孫子、吳起、孫臏、孔明
**肆、歷史、人類、文化、宗教、會黨**
神劍與屠刀
中國神譜
天帝教的中華文化意涵
奴婢妾匪到革命家之路：復興廣播電台謝雪紅訪講錄
洪門、青幫與哥老會研究
**伍、詩〈現代詩、傳統詩〉、文學**
幻夢花開一江山
赤縣行腳・神州心旅
「外公」與「外婆」的詩
尋找一座山
春秋記實
性情世界
春秋詩選
八方風雲性情世界
古晟的誕生
把腳印典藏在雲端
從魯迅文學醫人魂救國魂說起
六十後詩雜記詩集
**陸、現代詩（詩人、詩社）研究**
三月詩會研究
我們的春秋大業：三月詩會二十年別集
中國當代平民詩人王學忠
讀詩稗記
嚴謹與浪漫之間
一信詩學研究：解剖一隻九頭詩鵠
囚徒
胡爾泰現代詩臆說
王學忠籲天詩錄
**柒、春秋典型人物研究、遊記**
山西芮城劉焦智「鳳梅人」報研究
在「鳳梅人」小橋上

# 拾陸：2015 年 9 月後新著

| 編號 | 書　　　　名 | 出版社 | 出版時間 | 定價 | 字數（萬） | 內容性質 |
|---|---|---|---|---|---|---|
| 81 | 一隻菜鳥的學佛初認識 | 文史哲 | 2015.09 | 460 | 12 | 學佛心得 |
| 82 | 海青青的天空 | 文史哲 | 2015.09 | 250 | 6 | 現代詩評 |
| 83 | 葉莎現代詩欣賞 | 秀威 | | | 6 | 現代詩評 |
| 84 | 為播詩種與莊雲惠詩作初探 | 文史哲 | 2015.11 | 280 | 7 | 童詩、現代詩評 |
| 85 | 世界洪門歷史文化協會論壇 | 文史哲 | 2015.12 | 280 | 6 | 洪門研究 |
| 86 | 三黨搞統一 —— 解剖共產黨、國民黨、民進黨怎樣搞統一 | 文史哲 | 2016.03 | 420 | 11 | 政治評論 |
| 87 | 緣來艱辛非尋常 —— 賞讀范揚松仿古體詩稿 | 文史哲 | 2016.05 | 400 | 9 | 古體詩析評 |
| 88 | 大兵法家范蠡研究 —— 商聖財神陶朱公傳奇 | 文史哲 | 2016.06 | 280 | 8 | 歷史人物研究 |
| 89 | | | | | | |
| 90 | | | | | | |
| 91 | | | | | | |
| 92 | | | | | | |
| 93 | | | | | | |
| 94 | | | | | | |
| 95 | | | | | | |
| 96 | | | | | | |
| 97 | | | | | | |
| 98 | | | | | | |
| 99 | | | | | | |
| 100 | | | | | | |
| | | | | | | |
| | | | | | | |
| | | | | | | |
| | | | | | | |
| | | | | | | |
| | | | | | | |
| | | | | | | |
| | | | | | | |
| | | | | | | |
| | | | | | | |
| | | | | | | |
| | | | | | | |

# 國防通識課程及其它著編作品

## （各級學校教科書）

| 編號 | 書　　　　名 | 出版社 | 教育部審定 |
|---|---|---|---|
| 1 | 國家安全概論（大學院校用） | 幼　獅 | 民國 86 年 |
| 2 | 國家安全概述（高中職、專科用） | 幼　獅 | 民國 86 年 |
| 3 | 國家安全概論（台灣大學專用書） | 台　大 | （臺大不送審） |
| 4 | 軍事研究（大專院校用） | 全　華 | 民國 95 年 |
| 5 | 國防通識（第一冊、高中學生用） | 龍　騰 | 民國 94 年課程要綱 |
| 6 | 國防通識（第二冊、高中學生用） | 龍　騰 | 同 |
| 7 | 國防通識（第三冊、高中學生用） | 龍　騰 | 同 |
| 8 | 國防通識（第四冊、高中學生用） | 龍　騰 | 同 |
| 9 | 國防通識（第一冊、教師專用） | 龍　騰 | 同 |
| 10 | 國防通識（第二冊、教師專用） | 龍　騰 | 同 |
| 11 | 國防通識（第三冊、教師專用） | 龍　騰 | 同 |
| 12 | 國防通識（第四冊、教師專用） | 龍　騰 | 同 |
| 13 | 臺灣大學退休人員聯誼會會務通訊 | 文史哲 | |
| 14 | 把腳印典藏在雲端：三月詩會詩人手稿詩 | 文史哲 | |
| 15 | 留住末代書寫的身影：三月詩會詩人往來書簡殘存集 | 文史哲 | |
| 16 | 三世因緣：書畫芳香幾世情 | 文史哲 | |

注：以上除編號 4，餘均非賣品，編號 4 至 12 均合著。

編號 13 定價一千元。